رهایی برای اسیران

متبارک باد خداوند
که ما را طعمهٔ دندان های ایشان نساخت.

همچون پرنده‌ای
جان ما از دام صیاد رهایی یافت!
دام پاره شد و ما رَستیم.

یاری ما در نام خداوند است
که آسمان و زمین را آفرید!

مزمور ۱۲۴

مارک دوری

db

کتاب‌های "درر"

نسخهٔ چهارم رهایی برای اسیران
رهایی برای اسیران، حق نشر ۲۰۲۲ مارک دوری
تمامی حقوق نشر و چاپ محفوظ است.

عنوان: رهایی برای اسیران
Melbourne: Deror Books 2024
ISBN 978-1-923067-15-8

جهت کسب اطلاعات بیشتر دربارهٔ آثار مارک دوری به و بسایت markdurie.com مراجعه نمایید.

برای تهیه کتاب رهایی برای اسیران به زبان‌های دیگر به و بسایت Luke4-18.com مراجعه نمایید.

www.derorbooks.com

فهرست

پیشگفتار ۱
۱. لزوم انکار اسلام ۳
۲. رهایی از طریق صلیب ۹
۳. شناخت اسلام ۳۳
۴. محمد و طردشدگی ٤٧
۵. درس رهایی از شهادتین ٦٥
۶. رهایی از ذمه ٨٧
۷. دروغ‌گویی، حس برتری کاذب، لعن و نفرین ١٠٣
۸. یک کلیسای آزاد ١٢٠
منابع تکمیلی ١٣٦

پیشگفتار

امروزه تعداد بی‌شماری از مسلمانان تصمیم می‌گیرند مسیح را پیروی کنند. متأسفانه انکار دلبستگی‌های این جهان برای آن‌ها بیش از حد دشوار است. برخی از رهبران مسیحی گزارش داده‌اند که هشتاد درصد از این گروهِ نو ایمان، در طی دو سال، از ایمانشان رویگردان می‌شوند. خدا از ما می‌خواهد در این زمینه چه کنیم؟

در سال ۲۰۰۲ من، تعلیمات خود را دربارهٔ ذمه و اینکه مسیحیان چگونه می‌توانند از ترس اسلام و مسلمانان رها شوند، آغاز کردم. اغلب در پیِ این تعلیمات، زمانی به خدمت اختصاص داده می‌شد و عزیزان حاضر می‌توانستند برای دعا جلو آیند. عدهٔ زیادی از افراد حاضر در این جلسات، دربارهٔ کارهای قدرتمند خدا شهادت دادند که از ترس اسلام آزاد شده و توان خدمت یافتند.

در ادامه، من تعلیماتی را تدوین کردم تا مردم بتوانند از اسارت روحانی اسلام رها شوند. این دو تعلیم در کتاب «رهایی برای اسیران» گنجانیده شده است. خادمین انجیل در سرتاسر جهان باید کتاب «رهایی برای اسیران» را بخوانند و به همین دلیل، این کتاب به زبان‌های بسیاری ترجمه شده است. در طول سال‌های اخیر و پس از اولین انتشار کتاب «رهایی برای اسیران» در سال ۲۰۱۰، نیاز به بروز رسانی و ویرایش کتاب در راستای پاسخگویی هرچه بهتر به نیاز کاربران واضح بوده؛ به‌خصوص برای ایمان‌دارانی که در گذشته مسلمان بوده‌اند. این نسخه چهارم یک به‌روز رسانی بزرگ با تغییرات بسیاری از جمله فصل‌های جدید است.

برای اشاره به قرآن از حرف مخفف **ق** استفاده می‌شود. به‌عنوان مثال، ق ۲۹:۹ به سورهٔ ۲۹:۹ اشاره دارد. می‌توانید برای جزئیات ارجاعات، کتاب «انتخاب سوم» اثر مارک دوری را مطالعه کنید.

در ارائهٔ این منبع به کلیسای جهانی بر نکاتی تأکید دارم: ضمن مخالفت با هرگونه پیش‌داوری و نفرت‌پراکنی، معتقدم تفکر انتقادی بایستی در اندیشیدن و بررسی تمام ادیان و جهان‌بینی‌ها به کار گرفته شود. مسلمانان و همچنین غیرمسلمانان حق دارند بر اساس دانش و وجدان خود به نظرات موافق و یا مخالف در باب تعلیمات اسلام دست پیدا کنند.

سازمان‌های خدماتی مسیحی اجازه دارند مطابق نیازشان، هر یک از این منابع را از وبسایت www.luke4-18.com دانلود و چاپ و یا به اشتراک بگذارند. نسخهٔ پی‌دی‌اف و قابل دانلود این راهنمای آموزشی و سایر منابع «رهایی برای اسیران» را می‌توانید از وبسایت- www.luke4-18.com دریافت کنید.

همواره از دریافت شهادت‌ها، دربارهٔ تأثیرات مفید این تعلیمات در زندگی عزیزان و همچنین پیشنهادهای شما در راستای بهبود بخشیدن به این راهنمای آموزشی، سپاسگزار خواهم بود.

مایلم عمیقاً از برادران و خواهران عزیزی تشکر کنم که با نظردهی و پیشنهادهای مفیدشان در بهبود بخشیدن به این منبع تعلیمی یاری رساندند. از اشتیاقتان برای این پروژه سپاسگزارم. همچنین از حامیان مالی و بابت دعاهای عزیزان که بدون حمایتشان این پروژه به انجام نمی‌رسید، نهایت تشکر را دارم.

سخن مسیح را به یاد می‌آورم که فرمود: «همان‌گونه که پدر مرا فرستاد، من نیز شما را می‌فرستم. پس بروید و همهٔ قوم‌ها را شاگرد سازید!». دعای من نزد مالک محصول، این است که کتاب «رهایی برای اسیران» ابزاری قدرتمند در این کار و برکتی برای کلیسای جهانی باشد.

مارک دوری
ژوئن ۲۰۲۲

۱

لزوم انکار اسلام

«مسیح ما را آزاد کرد تا آزاد باشیم»

غَلاطیان ۱:۵

نیازی ضروری

این شهادت شخصی است که در گذشته مسلمان بوده و سپس، ایمان مسیحی را پذیرفته است و بعد از آن توانسته پس از انکار اسلام، رهایی عظیمی را تجربه کند:

«در یک خانواده مسلمان در غرب رشد کردم. به مسجد می‌رفتیم؛ یاد گرفتم چگونه به زبان عربی نماز بخوانم، به‌جز نمازخواندن در سنین رشد خیلی مذهبی نبودم. پس از آنکه دوره‌ای پر جست‌وجو را آغاز کردم و به دانشگاه رفتم چیزهایی تغییر کرد. در پایان این دوره، درک کردم مسیح حقیقتاً کیست و او جان من را نجات بخشید.

با گروه دانشجویان مسیحی دانشگاه ارتباط برقرار کردم. هر هفته یکی از دانشجویان گروه، پیغامی از کتاب مقدس را با سایرین به اشتراک می‌گذاشت. کمتر از یک سال از مسیحی شدنم می‌گذشت؛ اما از من خواستند که پیغامی را با آن‌ها به اشتراک بگذارم. عصر روزی که بنا بود پیغامی را با گروه در میان بگذارم، وارد کتابخانهٔ دانشگاه شدم تا کمی دعا کنم. پیغامی که می‌خواستم دربارهٔ آن صحبت کنم این بود: «عیسی جانش را برای من تقدیم کرد؛ آیا حاضرم جانم را برای مسیح بدهم؟»

هنگامی که دعا را آغاز کردم، اتفاق عجیبی افتاد. احساس می‌کردم گلویم گرفته است، انگار داشتم خفه می‌شدم. در ادامهٔ این احساس دچار حملهٔ عصبی شدم. سپس احساس کردم صدایی به من می‌گوید: «اسلام را انکار کن! اسلام را انکار کن!» ایمان‌دارم که خداوند با من سخن می‌گفت. هم‌زمان ذهنم می‌گفت: «خداوندا، اخیراً به‌هیچ‌عنوان با اسلام کاری نداشته‌ام و فرائض آن را انجام نداده‌ام.»

با این وجود احساس خفگی ادامه داشت، پس گفتم «در نام عیسای مسیح اسلام را انکار می‌کنم.» تمام این اتفاقات داشت به آهستگی رخ می‌داد چراکه در کتابخانه بودم. بلافاصله پس از انکار اسلام، حس فشار در گلویم از بین رفت. احساس

رهایی و آزادی مرا فرا گرفت! به ادامهٔ دعا و آماده شدن برای ملاقاتمان بازگشتم. در آن ملاقات، خداوند باقدرت عمل کرد، شاگردان زانو زده و به رو افتاده بودند و خداوند را می‌طلبیدند و خود را وقف او می‌نمودند.»

یکی از نیازهای ضروری مردم عصر حاضر، این است که اسلام را انکار کنند. این کتاب شرح می‌دهد چرا این کار ضروری است و چگونه باید این کار را انجام دهید. این کتاب اطلاعات و دعاهایی را در اختیار مسیحیان دارای پیشینهٔ اسلامی می‌گذارد تا بتوانند از تسلط و کنترل نیروی روحانی اسلام رها شوند.

ایدهٔ کلیدی این کتاب، در این است که قدرت روحانی اسلام از طریق دو پیمان یا عهد به نام‌های شهادتین و ذمه عمل می‌کند. شهادتینْ مسلمانان را و ذمه، غیرمسلمانان را به شرایطی متعهد می‌کند که در دین اسلام معین شده است.

مهم است بدانید که:

- چگونه شخصی که درگذشته مسلمان بوده است و حالا تصمیم گرفته مسیح را پیروی کند می‌تواند اسلام را انکار نماید و خود را از عهد شهادتین و مفهوم آن رهایی بخشد.
- یک مسیحی چگونه می‌تواند آزادی خود را اعلام کند و از حقارتی رها شود که اسلام به‌واسطهٔ احکامش از طریق ذمه، بر غیرمسلمانان تحمیل می‌کند.

مسیحیان می‌توانند آزادی به‌حق خود را با انکار این دو پیمان اسلامی اعلام نمایند. (برای این هدف، در ادامهٔ کتاب دعاهایی در راستای انکار اسلام ارائه شده است).

دو پیمان یا عهد

واژهٔ اسلام در زبان عربی به معنی تسلیم بودن است. دین محمد دو راه تسلیم را در اختیار جهانیان می‌گذارد. یکی تسلیم شدن و پذیرش پیمانی است که از طریق آن شخص مسلمان می‌شود. راه دیگر، برای غیرمسلمانان است که بدون ایمان آوردن به اسلام، تسلیم مسلمانان باشند.

پیمان شخصی که به اسلام ایمان می‌آورد «شهادتین» نامید می‌شود که به زبان آوردن اعتقادنامهٔ مسلمانان است. در این اعتراف، شخص ایمان خود را به حقانیت اللّه و فرستاده‌اش محمد اقرار می‌کند.

پیمان غیرمسلمان که تسلیم به برتری سیاسی اسلام می‌شوند «ذمه» نامید می‌شود. در این پیمان، دین اسلام موقعیت مسلمانان و سایر دین‌دارانی که تصمیم می‌گیرند به اسلام ایمان نیاوردند - اما تحت حکومت اسلام زندگی کنند - را تعیین کرده است.

خواسته اسلام در اینکه انسان‌ها یا از طریق اعتراف به شهادتین و یا از طریق پذیرش ذمه، تسلیم شوند، نباید مورد پذیرش واقع گردد.

بسیاری از مسیحیان می‌دانند: شخصی که دین اسلام را ترک کرده است تا مسیح را پیروی کند، ممکن است لازم باشد اسلام را انکار نماید. با این وجود، بسیاری از مسیحیان ممکن است متعجب شوند که حتی مسیحیانی هم که هرگز مسلمان نبوده‌اند، ممکن است تحت کنترل قدرت روحانی اسلام قرار گیرند. برای مقابله با این امر، مسیحیان باید شخصاً علیه ادعاهای عهد یا پیمان ذمه بایستند و ترس‌ها و حقارتی که اسلام، به‌عنوان غیرمسلمان به‌اجبار به آن‌ها تحمیل می‌کند را انکار نمایند.

اصولی که در پَس این دو پیمان و سلطهٔ اسلامی، شهادتین و ذمه، وجود دارد را بررسی می‌کنیم و از شماً دعوت می‌کنیم که مسیح، قدرت زندگی او و منابع آزادی روحانی که مسیح به‌واسطهٔ صلیب برای ما فراهم ساخته است را در نظر بگیرید. اصول و دعاهایی مطابق تعلیمات کتاب مقدس، تقدیمتان می‌شود که به شما امکان می‌دهد آزادی که مسیح برایمان فراهم ساخته است را دریافت نمایید.

انتقال حق حاکمیت

بسیاری از معلمین اسلام روی اینکه حق حاکمیت زندگی انسان‌ها تنها به اللّه تعلق دارد تأکید می‌کنند، وقتی این جمله را می‌گویند منظور این است که دین و احکام اسلامی، بایستی بر تمام اصول عدالت و حاکمیت، استیلا داشته باشد.

ایدهٔ کلیدی کتاب در اینجاست که پیروان عیسای مسیح، حق و وظیفه دارند که گونه‌های دیگر حاکمیت روحانی را انکار نمایند.

در ایمان مسیحی، ایمان آوردن به عیسای مسیح به این معنا است که شخص، به‌جز عیسای مسیح، تمام ادعاهای حاکمیت‌های روحانی را در زندگی خود انکار می‌نماید. پولس رسول در نامهٔ خود به کولسیان، ایمان آوردن به مسیح را به شکل منتقل شدن از یک پادشاهی به پادشاهی دیگر به تصویر می‌کشد:

> زیرا ما را از قدرت تاریکی رهانیده و به پادشاهی پسر عزیزش منتقل ساخته است که در او از رهایی، یعنی از آمرزش گناهان برخورداریم. (کولسیان ۱:۱۳-۱۴)

راهکار روحانی که در این کتاب ارائه شده به‌کارگیری اصل انتقال یافتن از یک پادشاهی به پادشاهی دیگر است. یک ایمان‌دار مسیحی، به‌واسطهٔ دریافت نجات به پادشاهی مسیح واردشده است؛ بنابراین، چنین شخصی دیگر تحت اصول «قدرت تاریکی» قرار ندارد.

برای ایمان‌داران دریافت و اعلام رهایی که حق فرزندخواندگی آن‌ها است، به معنی مخالفت با ایده اسلام می‌باشد؛ از این‌رو ایمان‌داران مسیحی باید بدانند که از کجا به کجا منتقل شده‌اند. کتاب موجود دربارهٔ شناخت این حقیقت است و منابع لازم برای به‌کارگیری آن را تعلیم می‌دهد.

شمشیر پاسخ و راه چاره نیست

راه‌های بسیاری برای مقاومت دربارهٔ استیلای اسلام وجود دارد. این راهکارها می‌تواند شامل دامنه زیادی از عملکردهای گوناگون نظیر سیاسی، اجتماعی، فعالیت برای حقوق بشر، تعلیمات دانشگاهی و استفاده از رسانه‌ها برای اعلام حقیقت باشد. برای برخی ملت‌ها ممکن است گاهی پاسخ نظامی ضروری باشد؛ اما شمشیر نمی‌تواند برای جهاد اسلامی پاسخ نهایی محسوب شود.

هنگامی که محمد به پیروانش مأموریت داد که اسلام را در جهان گسترش دهند، آن‌ها را فرمان داد تا ۳ انتخاب در اختیار غیرمسلمانان بگذارند. یکی از آن‌ها پیمان (شهادتین) بود، انتخاب دیگر ذمه بود و انتخاب آخر شمشیر: که برای جان‌هایشان بجنگند و مطابق تعلیم قران بکشند یا کشته شوند.(ق ۹:۱۱۱؛ ق ۲:۱۹۰-۱۹۳ و ۲۱۶ تا ۲۱۷؛ ق ۹:۵ و ۲۹)

مسیر مقابله با جهاد اسلامی، خطرات روحانی دارد که با احتمال شکست تفاوت دارد. هنگامی که مسیحیان اروپا علیه کشورگشایی و گسترش اسلام تصمیم به دفاع گرفتند، مجبور شدند شمشمیر به دست بگیرند و بیش از هزار سال، به جنگ و نبرد بپردازند. رِکُونکیستا و بازپس‌گیری شبه جزیره ایبریا ۸۰۰ سال به طول انجامید. تنها ۷ سال پس از حمله به روم در سال ۸۴۶ پس از میلاد مسیح و بیش از یک قرن، پس از تهاجم مسلمانان که اندلس را تحت تصرف خود در آوردند، پاپ لئوی چهارم در سال ۸۵۳ به کسانی که درراه دفاع از کشورها و کلیساهای مسیحی در مقابل جهاد جان خود را می‌دادند وعدهٔ ورود به بهشت را داد. با این وجود، استفاده از این شیوهٔ به معنی الگوبرداری از راهکارهای اسلامی برای مبارزه با اسلام بود: هرچه باشد این محمد بود که وعدهٔ ورود کسانی که در جنگ کشته می‌شوند به بهشت را به پیروانش داد، نه عیسای مسیح.

البته باید دانست که ریشهٔ قدرت اسلام، نظامی و یا سیاسی نیست؛ بلکه روحانی است. در گسترش و فتوحات، اسلام خواسته‌هایی را در غالب احکام دین و اقرار شهادتین و ذمه مطرح کرد که باقدرت نظامی از آن‌ها پشتیبانی می‌شد. به همین دلیل، منابعی که در این کتاب برای رهایی مردم از اسلام ارائه شده، روحانی هستند. این منابع به‌نحوی طراحی و ارائه شده‌اند که ایمان‌داران مسیحی، بتوانند از آن‌ها مطابق روش صحیح به‌کارگیری قدرت صلیب، و در راستای فراهم آوردن راهی برای رهایی از آن‌ها استفاده کنند.

«نه به دست بشری»

شش قرن قبل از میلاد عیسای مسیح، در کتاب دانیالْ رؤیایی نبوتی آورده شده است. این آیات دربارهٔ حاکمی سخن می‌گویند که پادشاهی او پس از اسکندر مقدونی برپا می‌شود:

> «در انتهای پادشاهی ایشان، آن هنگام که گناه عاصیان به نهایت خود رسیده باشد، شاهی سخت‌روی و معمادان برخواهد خاست. قدرت او عظیم خواهد شد، اما نه از تواناییِ خودش و او ویرانی‌های شگفت‌انگیز خواهد کرد و در آنچه می‌کند

کامیاب خواهد گشت. او قدرتمندان و قوم مقدس را نابود خواهد کرد. او به زیرکی، فریب را در دستش رونق خواهد داد و خویشتن را در دل خود بزرگ خواهد ساخت. بسیاری را بی‌خبر هلاک خواهد کرد و حتی در برابر سرورِ سروران خواهد ایستاد، ولی شکسته خواهد شد؛ اما نه به دست بشری.» (دانیال ۸:۲۳-۲۵)

خصوصیات و تأثیر این شاه، به شدت به محمد و میراث او شباهت دارد که شامل؛ حس سلطه‌جویی اسلام، تشنگی اسلام برای پیروزشدن، استفاده از فریب، استفاده از قدرت و ثروت دیگران در راستای به قدرت رسیدن، مغلوب ساختن ملت‌هایی که از احساس امنیت دروغین برخوردار بودند، مخالفت با عیسای مسیحْ پسر یگانهٔ خدا - خداوند مصلوب همهٔ جهانیان؛ و قتل و تاراج مسیحیان و یهودیان.

آیا ممکن است این نبوت به محمد و دین اسلام که طبق منابع اسلامی زادهٔ درهم شکستگی اخلاقی و روحانی زندگی و میراث محمد است اشاره کرده باشد؟ این میراث مشهود است. اگر نبوت دانیال به محمد اشاره کرده باشد، می‌دانیم که این نبوت امید پیروزی نهایی علیه این شاه را اعلام کرده است، اما در عین حال می‌دانیم که این پیروزی به دست بشر محقق نخواهد شد. برای پیروزی علیه این «شاه سخت‌روی» پیروزی و رهایی تنها به واسطهٔ شیوه‌های سیاسی، نظامی و یا اقتصادی محقق نخواهد شد.

این نبوت حقیقتاً به ما دربارهٔ میل اسلام به سلطه بر دیگران هشدار می‌دهد. قدرتی که در پس این ادعا وجود دارد، قدرتی روحانی است. در نتیجه، مقاومتی مؤثر است که بتواند به رهایی پایدار منجر شود؛ و این امر، تنها از راه‌های روحانی امکان‌پذیر است. اشکال دیگر مقاومت و مقابله، مانند روش‌های نظامی ممکن است برای مدیریت علائم تلاش اسلام برای تسلط برجهان ضروری باشد، اما نمی‌تواند مشکل را ریشه‌کن سازد.

تنها قدرت مسیح و صلیب او می‌تواند کلید رهایی از ادعاهای تحقیرکنندهٔ اسلام باشد. این کتاب، مبتنی بر همین عقیده نوشته شده است. در اصل این کتاب نوشته شده تا ایمان‌داران را برای همیشه از دو راهکار اسلام برای استیلا بر جان آدمیان رهایی ابدی بخشد.

۲

رهایی از طریق صلیب

او مرا فرستاده تا رهایی را به اسیران اعلام کنم

انجیل لوقا ۱۸:۴

رضا مردی جوان بود که تصمیم گرفت اسلام را ترک و عیسای مسیح را پیروی نماید. یک روز عصر، در جلسه از او دعوت شد تا دعا کرده و اسلام را انکار کند. او مشتاقانه دعا کردن را آغاز نمود. با این وجود، در طول دعا هنگامی که می‌خواست بگوید: «من اسلام و تعالیم محمد را رد می‌کنم... .» متوجه شد که نمی‌تواند نام محمد را به زبان بیاورد. او شگفت‌زده شد، چون با وجود اینکه در خانواده‌ای مسلمان بزرگ شده بود، هرگز به اسلام علاقه نداشت و مدت‌ها بود فرایض اسلامی را به‌جا نیاورده بود. دوستان مسیحی‌اش دورش جمع شدند و او را با کلماتی تشویق کردند که به یاد قدرت مطلق عیسای مسیح می‌انداخت. سپس او موفق شد دعای خود را به اتمام رساند و بگوید که تعالیم محمد را انکار می‌نماید.

بعد از آن شب، دو چیز در زندگی رضا تغییر کرد. اولاً، او توانست از عادت خود - که داشتنِ خشم بسیار نسبت به دیگران بود- شفا یابد و ثانیاً توانست در زمینهٔ بشارت و شاگردِسازی افرادی که اسلام را ترک کرده و به مسیح ایمان آورده‌اند؛ مؤثرتر قدم بردارد. هنگامی که رضا اسلام را انکار کرد، قدرتی برای بشارت و شاگردسازی بر او قرار گرفت که در خدمت او تأثیرگذار بود. او رهایی یافت تا انجیل را خدمت کند.

این بخش از کتاب دربارهٔ نحوهٔ رها شدن از قدرت شیطان است. این امر راه را برای بخش‌های بعدی مهیا می‌سازد که روی اسارت اسلام تمرکز می‌کنند.

اصول درس داده شده در این فصل در موقعیت‌های مختلف زیاد دیگری به غیر از اسلام نیز می‌توانند به کار برده شوند.

مسیح تعلیم دادن را آغاز می‌کند

پولس در نامهٔ خود به رومیان دربارهٔ «آزادی پرجلال فرزندان خدا» (رومیان ۲۱:۸) سخن می‌گوید. این «آزادی پرجلال» حقِ فرزند خواندگی هر مسیحی است. این امر، هدیه و

میراثی عظیم است که خداوند می‌خواهد آن را، به هر کسی عطا کند که به مسیح ایمان می‌آورد و او را پیروی می‌کند.

هنگامی که مسیح خدمت و تعلیم دادن را آغاز کرد، در اولین تعلیم خودْ دربارهٔ رهایی سخن گفت. این اتفاق، زمانی رخ داد که مسیح از یحیی تعمید دهنده، تعمید گرفت و در بیابان با وسوسه و آزمایش مواجه گشت. او پس از بازگشت از بیابان، بلافاصله شروع به موعظهٔ انجیل کرد. مسیح چگونه این کار را انجام داد؟ او ابتدا خود را معرفی کرد. در لوقا می‌خوانیم که مسیح در کنیسهٔ ناصره که دیارش بود، ایستاد و از کتاب اشعیا باب ۶۱ آیاتی را خواند:

> «روح خداوندگارْ یهوه بر من است،
> زیرا که خداوند مرا مسح کرده است
> تا فقیران را بشارت دهم؛
> او مرا فرستاده تا دل‌شکستگان را التیام بخشم،
> و آزادی را به اسیران و رهایی را به محبوسان اعلام کنم؛
> تا سال لطف خداوند را اعلام نمایم،»
>
> سپس کلام خدا را بست و به کتیبه دار داد و نشست. همه در کنیسه به او چشم دوخته بودند.
> او کلامش را این‌چنین آغاز کرد: «امروز این نوشته، هنگامی که بدان گوش فرامی‌دادید، جامهٔ عمل پوشید.»
> (لوقا ۴:‏۱۸-۲۱)

او به مردم گفت، آمده است تا ایشان را رهایی بخشد و گفت وعده‌ای که دربارهٔ رهایی به اشعیا داده شده بود، امروز محقق می‌شود؛ مردم ناصره در آن روز با کسی ملاقات کرده بودند که می‌تواند اسیران را رهایی بخشد. او همچنین به مردم گفت که روح خدا بر او قرار دارد؛ او برگزیده، مسح شده، پادشاه منتخب خدا و منجی وموعود است.

عیسی مردم را دعوت می‌کرد که رهایی را انتخاب کنند. او خبر خوش را آورده بود و امید را برای ضعیفان، آزادی را برای زندانیان، شفا را برای نابینایان و رهایی را برای ستمدیدگان موعظه می‌نمود.

مسیح هر کجا که می‌رفت رهایی، یعنی آزادی حقیقی را از طُرق مختلف، برای مردم به ارمغان می‌آورد. هنگامی که انجیل را می‌خوانیم، می‌بینیم که مسیح به مردم نیکی می‌کرد؛ ناامیدان را امید می‌بخشید، گرسنگان را خوراک می‌داد، مردم را از قدرت ارواح پلید رهایی و بیماران را شفا می‌بخشید.

مسیح امروزه هم مردمان را رهایی می‌بخشد. تک‌تک مسیحیان توسط مسیح فراخوانده شده‌اند تا از آزادی‌ای بهره ببرند که او به آن‌ها تقدیم کرده.

زمانی که مسیح از «سال لطف خداوند» صحبت می‌کرد، در واقع اعلان می‌نمود وقت آن رسیده است که خدا، لطف و محبتش را به مردم نشان دهد. عیسای مسیح به مردم

می‌گفت که خداوند آمده است تا با قدرت و محبت، مردم را رهایی بخشد و آن‌ها نیز می‌توانند آزاد باشند.

آیا امیدوار و معتقد هستید که مطالعه این کتاب می‌تواند فرصتی ویژه باشد تا بتوانید فیض و رهایی خداوند را تجربه کنید؟

هنگام انتخاب کردن

تصور کنید در یک قفس گرفتار شدید و دَرِ آن قفس قفل است. هر روز به شما آب و خوراک می‌دهند و می‌توانید در این قفس زنده بمانید؛ اما شما زندانی هستید. فرض کنید کسی می‌آید و قفل دَرِ قفس را باز می‌کند. حالا یک انتخاب دارید، می‌توانید به زندگی در این قفس ادامه دهید یا می‌توانید از قفس بیرون بروید و زندگی بیرون از آن قفس را تجربه کنید. باز شدن دَرِ قفس کافی نیست. باید تصمیم بگیرید از قفس بیرون بروید. اگر آزادی را انتخاب نکنید، انگار که هنوز در قفس زندانی هستید.

هنگامی که پولس خطاب به غَلاطیان نوشت: «مسیح ما را آزاد کرد تا آزاد باشیم. پس استوار بایستید و خود را بار دیگر گرفتار یوغ بندگی مسازید.» (غَلاطیان ۵:۱) منظورش این بود که عیسای مسیح آمد تا مردم را رهایی بخشد و هنگامی که آزادی را که او می‌آورد را بشناسیم، باید انتخاب کنیم. آیا انتخابتان این است که به‌عنوان مردمی آزاد زندگی کنید؟

پولس می‌گوید که باید بیدار و هوشیار باشیم تا رهایی خود را دریافت و اعلام کنیم. برای اینکه در آزادی زندگی کنیم، باید بفهمیم معنای رها بودن چیست و سپس آزادی خود را دریافت و اعلام کنیم و در رهایی گام برداریم. هنگامی که مسیح را پیروی می‌کنیم، باید یاد بگیریم چگونه استوار بمانیم و یوغ بندگی را انکار کنیم.

این تعلیمات به‌نحوی طراحی شده‌اند که همگان را یاری برسانند تا بتوانند رهایی را انتخاب و آزادانه زندگی کنند.

در چند بخش آینده، دربارۀ نقش شیطان می‌آموزیم و می‌بینیم چگونه از قدرت تاریکی به پادشاهی خدا منتقل شدیم و درک می‌کنیم که در جنگ روحانی، چه نقشی داریم.

شیطان و پادشاهی او

کتاب مقدس می‌گوید ما یک دشمن‌داریم، کسی که می‌خواهد ما را نابود کند. نام او شیطان است و یاران زیادی دارد. برخی از یاران او، ارواح پلید نامیده می‌شوند.

عیسای مسیح، نحوۀ عملکرد شیطان در مقابل انسان‌ها را در انجیل یوحنا ۱۰:۱۰ شرح می‌دهد. او شیطان را دزد می‌نامد و می‌گوید: «دزد نمی‌آید جز برای دزدیدن و کشتن و نابود کردن؛ من آمده‌ام تا ایشان حیات داشته باشند و از آن به فراوانی بهره‌مند شوند.» چه تفاوت عظیمی! عیسای مسیح حیات فراوان به بار می‌آورد و شیطان، نابودی و مرگ. عیسای مسیح، همچنین به ما می‌گوید: «او از آغاز قاتل بود.» (یوحنا ۸:۴۴)

بر اساس انجیل و رساله‌های عهد جدید، شیطان در این جهان قدرتی زیاد، ولی محدود دارد. پادشاهی او «قدرت تاریکی» (کولسیان ۱۳:۱) نامیده می‌شود و اسامی زیر به شیطان داده‌شده است:

- «رئیس این جهان» (یوحنا ۳۱:۱۲)
- «خدای این عصر» (دوم قرنتیان ۴:۴)
- «رئیس قدرت هوا» (افسسیان ۲:۲)
- «همان روحی که هم‌اکنون در سرکشان عمل می‌کند.» (افسسیان ۲:۲)

یوحنای رسول به ما تعلیم می‌دهد که تمام این جهان، تحت پادشاهی شیطان است: «ما می‌دانیم که از خدا هستیم و تمامی دنیا در آن شریر لمیده است.» (اول یوحنا باب ۱۹:۵)

اگر درک کنیم که «تمامی دنیا در آن شریر لمیده است» نباید از اینکه شواهد اعمال شیطان را در تمام فرهنگ‌ها، جهان‌بینی‌ها و ادیان جهان مشاهده می‌کنیم تعجب کنیم. شیطان حتی در کلیسا هم فعال است.

به همین دلیل، باید اثرات شریر را در اسلام، جهان‌بینی و قدرت روحانی‌اش در نظر بگیریم؛ اما ابتدا به اصولی می‌پردازیم که می‌تواند ما را از شریر رهایی دهد.

انتقال عظیم

"جی. ال. هولدن" از اساتید دانشگاه ترینیتی آکسفورد خلاصه‌ای از جهان‌بینی الهیاتی پولس نوشته است، او می‌گوید:

> «پولس... اعتقاداتی دربارهٔ انسان داشت. او می‌گفت انسان‌ها نه‌تنها گناهکارند و با میل خود از خدا دوری می‌کنند... بلکه انسان‌ها، تحت قدرت ارواح پلیدی هستند که در جهان به‌سر می‌برند، ارواح پلید از شریعت نه برای اطاعت از خدا، بلکه به‌عنوان ابزاری برای ظلم استفاده می‌کنند. غریبگی و دوری انسان از خدا برای همگان روشن است و موضوع مختص یهودیان یا غیریهودیان نیست. بلکه تمام انسان‌ها به‌عنوان فرزندان نسل آدم این‌چنین هستند.»[1]

هولدن در ادامه توضیح می‌دهد که طبق جهان‌بینی پولس، انسان‌ها نیاز دارند تا از این اسارت رهایی یابند؛ در حیطهٔ قدرت‌های تاریکی، انسان نیاز دارد تا از استیلای نیروهای ظلمت نجات داده شود. کلید این امر در کاری است که مسیح با مرگ و رستاخیز خود به انجام رساند. عملی که مسیح انجام داد پیروزی بر گناه و قدرت‌های تاریکی و شرارت و اسارت انسانی را به ارمغان داشت.

---

۱ جی. ال، هولدن، رساله‌های پولس رسول از زندان، صفحهٔ ۱۸.

علی‌رغم اینکه به‌عنوان مسیحیان هنوز در این «دنیای تاریک» (افسسیان باب ۶:۱۲را با فیلیپیان باب ۲:۱۵ مقایسه کنید) زندگی می‌کنیم؛ آیا معنایش این است که باید تحت کنترل و هدایت شیطان بمانیم؟ نه! چراکه به پادشاهی عیسای مسیح منتقل شدیم.

هنگامی که عیسی در رؤیا بر پولس ظاهر می‌شود و او را فرامی‌خواند تا نزد غیریهودیان برود به پولس گفته می‌شود که او چشمان مردمان را بازخواهد کرد «تا از تاریکی به نور و از قدرت شیطان به‌سوی خدا بازگردند» (اعمال ۲۶:۱۸) این آیات نشان می‌دهند که مردم، قبل از نجات یافتن به‌واسطهٔ عیسای مسیح، تحت استیلای قدرت شیطان قرار دارند؛ اما از طریق مسیح می‌توانند از اسارت و قدرت شریر و تاریکی رها و به پادشاهی خدا منتقل شوند.

پولس در نامه و دعای خود این نکته را به کولسیان اعلام می‌کند:

> «پدر را شکر گویید که شما را شایستهٔ سهیم شدن در میراث مقدسین در قلمرو نور گردانیده است. زیرا ما را از قدرت تاریکی رهانیده و به پادشاهی پسر عزیزش منتقل ساخته است.»
> (کولسیان ۱:۱۲ و ۱۳)

هنگامی که شخصی از کشوری به کشور دیگر مهاجرت می‌کند، ممکن است برای اخذ شهروندی در کشور تازه اقدام کند و برای انجام این کار ممکن است، لازم باشد شهروندی قبلی خود را انکار کند. نجات در مسیح این‌چنین است؛ هنگامی که وارد پادشاهی خدا می‌شوید، شهروندی تازه دریافت می‌کنید و شهروندی گذشتهٔ خود را ترک می‌کنید.

عهد بستن کامل شما با عیسای مسیح بایستی عامدانه باشد. این امر می‌تواند شامل عناصر زیر باشد:

- انکار شیطان و قدرت‌های شریر.
- انکار تمام ارتباطات نادرست با افرادی که درگذشته بر شما استیلای گناه‌آلود داشتند.
- انکار و شکستن هر عهد ناپاکی که اجدادتان به‌جای شما بسته‌اند و هنوز روی شما اثرگذار است.
- انکار و شکستن هر قابلیت روحانی که از طریق پیمان‌های ناپاک به دست آوردید.
- تقدیم کامل زندگی خود به عیسای مسیح و دعوت از او، برای پادشاهی در قلبتان به‌عنوان خداوند ابدی.

نبرد

هنگامی که یک بازیکن فوتبال به تیم دیگری انتقال می‌یابد، باید برای تیم تازه‌ای بازی کند. دیگر نمی‌تواند برای تیم قبلی خود بازی کند. هنگامی که به پادشاهی خدا منتقل می‌شویم هم همین‌طور است؛ ما بایستی برای تیم مسیح بازی کنیم و نباید برای تیم شیطان گل بزنیم.

بر اساس کتاب مقدس، نبردی روحانی بین خدا و شیطان در جریان است. این سرکشی کیهانی در مقابل پادشاهی خداست (مرقس ۱:۱۵، لوقا باب ۱۰:۱۸؛ افسسیان ۶:۱۲). درگیری بین دو پادشاهی وجود دارد و هیچ ناحیهٔ بی‌طرفی برای پنهان شدن وجود ندارد. مسیحیان درنبردی به مبارزه می‌پردازند که مسیح روی صلیب به پیروزی تبدیل کرده است و به نتیجهٔ نهایی شکی ندارند؛ مسیح پیروز شده است و پیروز خواهد بود.

پیروان مسیح از سوی او مأمور هستند؛ بنابراین درنبردی روزانه با نیروهای این دوران تاریک مبارزه می‌کنند. مرگ و رستاخیز مسیح، ما را علیه تاریکی قدرت می‌بخشد و تنها مبنای قدرت ما برای ایستادگی علیه نیروهای ظلمت است. نبرد بر سر جان آدمیان، جوامع و ملت‌هاست.

در این نبرد، حتی کلیسا به صحنهٔ جنگ تبدیل‌شده است و گاهی شریر، توانسته از منابع کلیسا برای اهداف پلید خود استفاده کند.

این موضوع بسیار جدی و پراهمیت است؛ با این‌وجود، هنگامی که پولس دربارهٔ خلع سلاح، تحقیر و شکست‌خوردن نیروهای ظلمت توسط صلیب و بخششی که مسیح از گناهان میسر ساخت سخن می‌گوید، اطمینانی را که از پیروزی داریم وصف می‌کند:

> «آن زمان که در گناهان و حالت ختنه نشدهٔ نَفْس خود مرده بودید، خدا شمارا با مسیح زنده کرد. او همهٔ گناهان ما را آمرزید و آن سندِ قرض‌ها را که به موجب قوانین بر ضد ما نوشته‌شده و علیه ما قد علم کرده بود، باطل کرد و بر صلیب میخکوبش کرده، از میان برداشت؛ و ریاست‌ها و قدرت‌ها را خلع‌سلاح کرده، در نظر همگان رسوا ساخت و به‌وسیلهٔ صلیب بر آن‌ها پیروز شد.»
> (کولسیان ۲:۱۳-۱۵)

این بخش از تصویرسازی پولس از رژهٔ رومی به نام رژهٔ پیروزی استفاده می‌کند. پس از شکست دشمن، سردار پیروز و ارتشِ او به شهر روم بازمی‌گشتند. برای جشن پیروزی، سردار فاتح روم، رژهٔ عظیمی را هدایت می‌کرد که در آن، دشمنان مقهورْ مجبور بودند با غل و زنجیر، در خیابان‌های شهر حرکت کنند. همچنین، ابزار جنگ و زره نظامی از آن‌ها گرفته می‌شد. مردم روم در حین تماشای رژه، فاتحان را تشویق و دشمنان را مسخره می‌کردند.

پولس از تصویر رژهٔ پیروزی رومی‌ها استفاده می‌کند تا معنای صلیب را شرح دهد. هنگامی که مسیح جانش را برای ما فدا کرد، قدرت گناه را درهَم شکست. جمیع سند

محکومیت گناهان ما بر صلیب میخکوب شد. ابطال سند محکومیت ما، بر صلیب قرار گرفت تا نیروهای ظلمتْ این امر را ببینند. به همین خاطر، شیطان و نیروهای پلیدش که خواستار هلاکتمان هستند، قدرتشان را علیه ما از دست داده‌اند؛ چراکه دیگر محکومیتی علیه ما نیست تا به‌وسیلهٔ آن، ما را متهم سازند. آن‌ها هم مانند دشمنان مقهور در رژهٔ پیروزی رومی‌ها می‌باشند که شکست خورده و خلع سلاح شده، در ملأعام مورد تمسخر قرار گرفتند.

از طریق صلیب، پیروزی بر نیروها و اصول این عصر تاریک به دست آمد. این پیروزی عظیم، نیروهای شرارت را درهَم می‌شکند و حق آن‌ها را برای حکمرانی سلب می‌کند؛ حکمرانی که حاصل توافقاتی است که بعضی از اشخاصْ خواسته یا ناخواسته، دانسته یا نادانسته، گرفتارش شده‌اند.

این یک اصل قدرتمند است: برای هر ادعا و اتهامی که شیطان علیه ما به کار می‌برد، صلیب عیسای مسیح، کلیدی را برای پیروزی و رهایی عرضه می‌کند.

در دو بخش بعدی، نقش شیطان را به‌عنوان مدعی ایمان‌داران بررسی کرده و راهکارهایی که شیطان، علیه اشخاص به کار می‌برد را بازبینی خواهیم نمود. سپس، شش ترفند را بررسی می‌کنیم که شیطان به‌وسیلهٔ آن‌ها سعی می‌کند، بینش مردم را بدزدد: یعنی گناه، نبخشیدن دیگران، کلمات، زخم‌های روان، دروغ‌ها (باورهایی که از خدا نیستند) و گناهان آباءواجدادی و لعنت‌هایی که نتیجهٔ این مسائل می‌باشند. برای هر تدبیر شیطان نیز راه چاره‌ای را نشان خواهیم داد: راهی که از طریق آن، هر مسیحی می‌تواند آزادی خود را به دست آورد و تأثیرات شریر را در زندگی خود بشکند. تمامی این مسائل، هنگامی که دربارهٔ نحوهٔ رها شدن از اسارت اسلام می‌اندیشیم، اهمیت زیادی خواهند داشت.

مدعی

شیطان تدابیر پلیدی دارد که علیه ما به کار می‌گیرد. نیکوست که این تدابیر را بشناسیم و با آن‌ها آشنا و آماده باشیم که در مقابل این تدابیر و ترفندهای شیطان، ایستادگی کنیم. لازم است این موارد را به کار بگیریم و مطابق با رهایی‌ای گام برداریم که در مسیح از آن برخوردار هستیم. برای این مسئله باید دقت داشته باشیم: نیکوست که مسیحیان نقشه‌ها و حیله‌های شیطان را بشناسند و برای مقابله با آن‌ها آماده باشند.

پولس در افسسیان ۱۸:۶ می‌نویسد: «مسیحیان بایستی هوشیار باشند.» به همین مثابه، پطرس رسول به مسیحیان هشدار می‌دهد که: «هشیار و مراقب باشید، زیرا دشمن شما ابلیس همچون شیری غرّان در گردش است و کسی را می‌جوید تا ببلعد.» (اول پطرس ۸:۵) باید با هوشیاری، مراقب چه چیزی باشیم؟ باید مراقب ادعاهای شیطان باشیم.

کتاب مقدس شیطان را در مقامِ «مدعی» معرفی می‌کند (مکاشفه ۱۲:۱۰) و در زبان عبری کلمهٔ «شیطان» به معنی مدعی یا دشمن است. این واژه در دادگاه به‌عنوان یک لقب، برای رقیب قانونی به کار گرفته می‌شد. کلمهٔ شیطان در کتاب مقدس، مزمور ۱۰۹، به این صورت مورد استفاده قرارگرفته است: «بگذار مدعی به‌جانب راستش بایستد. چون

محاکمه‌اش می‌کنند، مجرم بیرون آید... .» در صحنه‌ای مشابه، زکریا ۳:۱-۳، شیطان را چنین توصیف می‌کند که در دست راست کاهن اعظم «یِهوشَع» ایستاده بود و او را در مقابل فرشتهٔ خدا متهم می‌ساخت. مثال دیگری در این زمینه، هنگامی است که شیطان در مقابل خدا ایوب را متهم می‌سازد (ایوب ۱:۹-۱۱) و از خدا اجازه می‌خواست تا ایوب را بسنجد.

شیطان مقابل چه کسی به ضد ما مدعی می‌شود؟ می‌دانیم که شیطان در مقابل خدا علیه ما ادعا می‌کند. او همچنین نزد دیگران، ما را متهم می‌سازد و به همین ترتیب ما را از طریق کلام دیگران و افکار خودمان، در مقابل خویشتن متهم می‌سازد. او مایل است از طریق این ادعاها به ما آسیب بزند و خواستار این است که ما، ادعاهای او را باور کرده و بترسیم تا به‌واسطهٔ چنین ادعاهایی، ما را محدود کند.

شیطان چه اتهامات و ادعاهایی علیه ما مطرح می‌کند؟ او ما را به گناه متهم می‌نماید و در هر قسمت از زندگی‌مان که تسلیم اوست، علیه ما ادعاهایی را مطرح می‌کند.

همچنین باید بدانیم هر ادعایی که شیطان نسبت به ما روا می‌دارد، سراسر دروغ است. عیسی دربارهٔ شیطان فرمود:

> «او از آغاز قاتل بود و با حقیقت نسبتی نداشت، زیرا هیچ حقیقتی در او نیست. هر گاه دروغ می‌گوید، از ذات خود می‌گوید؛ چراکه دروغگو و پدر همهٔ دروغ‌ها است.» (یوحنا باب ۸:۴۴)

روش شیطان برای دروغ گفتن چیست و چگونه می‌توانیم با اطمینان، علیه ادعایی که شیطان مطرح می‌سازد، ایستادگی نماییم؟ مسلماً شناخت روش‌های شیطان به ما کمک می‌کند. به‌عنوان مثال، در اول قرنتیان پولس از مسیحیان دعوت می‌کند تا همواره یکدیگر را ببخشند. چرا این نکته حائز اهمیت است؟ پولس میگوید یکدیگر را می‌بخشیم «تا شیطان بر ما برتری نیابد، زیرا از ترفندهای او بی‌خبر نیستیم» (دوم قرنتیان ۲:۱۱). پولس در اینجا به ما می‌گوید که می‌توانیم از نقشه‌های شیطان آگاه شویم و چون می‌دانیم که یکی از راهکارهای شیطان این است که به‌واسطهٔ نبخشیدن دیگران بر ما برتری بیابد؛ بنابراین، به‌سرعت دیگران را می‌بخشیم تا در مقابل ادعاهای شیطان، نقطه ضعفی نداشته باشیم.

شیطان راهکارهای دیگری نیز دارد؛ در این قسمت ۶ ترفند اصلی او را برای تهمت زدن به ایمان‌داران بررسی و نحوهٔ ایستادگی در برابر این اتهامات را مطرح خواهیم کرد. این ۶ ترفند عبارتند از:

- گناه
- نبخشیدن دیگران
- زخم‌های روان
- کلمات (اعمال نمادین)

- باورهایی که از خدا نیستند (دروغ‌ها)
- گناه نسل بشر (آباءواجداد) و نتیجهٔ آن یعنی لعنت‌ها.

همان‌طور که خواهیم دید، یکی از گام‌های کلیدی در راستای اینکه از لحاظ روحانی، رهایی یابیم، این است که تمام ادعاهای مطرح شده از سوی شیطان را نام برده و انکار نماییم؛ حال، چه این ادعاها قسمتی از حقیقت را در خود داشته یا چه سراسر دروغ باشند، ما باید این کار را انجام دهیم.

درهای باز و جای پا

قبل از اینکه به هر یک از این شش حوزه بپردازیم، بایستی چند اصطلاح مفید را معرفی کنیم که شیطان، به‌واسطهٔ آن علیه انسان‌ها، ادعاهایی را مطرح و به ایشان تعدی می‌کند. ۲ اصطلاح کلیدی که باید با آن‌ها آشنا باشید «درهای باز» و «جای پا» هستند.

در باز، راهی برای ورود شیطان است که شخصی ممکن است با نادانی، نافرمانی و یا بی‌احتیاطی باز بگذارد و شیطان، از طریق سوءاستفاده از این درهای باز، به آن شخص حمله کرده و او را اسیر می‌کند. بیایید توصیف عیسی را از شیطان به یاد آوریم؛ او مانند دزدی است که برای دزدیدن، کشتن و نابود کردنْ دنبال فرصت می‌گردد. (یوحنا ۱۰:۱۰) درهای یک خانهٔ امن به روی شیطان باز نیستند؛ بلکه همهٔ درهای آن با امنیت بسته شده‌اند.

جای پا، منطقه‌ای در جان و روان آدمی است که شیطان ادعا می‌کند، شخصْ این منطقه را در اختیارش گذاشته؛ یعنی قسمتی از وجودمان که شیطان، برای خود علامت‌گذاری کرده است. پولس به این نکته اشاره می‌کند که یک ایمان‌دار مسیحی ممکن است با خشمگین ماندن، به شیطان مجال دهد: «خشمگین باشید، اما گناه مکنید». مگذارید روزتان در خشم به سر رسد و ابلیس را مجال ندهید (افسسیان ۴:۲۶ و ۲۷).

کلمهٔ یونانی که در اینجا به «مجال» ترجمه شده، در اصل «توپوس» و معنی آن «محلی قابل سکونت» است. معنی اصلی «توپوس» محلی است که کسی در آن سکونت دارد و مفهوم اصطلاح «توپوس دادن»، «فرصت دادن» است. پولس می‌گوید اگر کسی خشمگین بماند و حاضر به توبه نباشد و یا نخواهد خشم خود را به‌عنوان فرصت گناه باطل سازد، فضایی روحانی را در اختیار شیطان قرار می‌دهد. سپس شیطان می‌تواند در این فضای روحانی ساکن شود و از این فرصت در راستای اهداف پلیدش استفاده کند. شخص با حفظ خشم، ممکن است فرصتی در اختیار شیطان بگذارد.

در یوحنا باب ۱۴، عیسی از زبان حقوقی استفاده می‌کند تا اعلام کند شیطان بر او هیچ قدرتی ندارد:

«فرصت چندانی باقی نمانده که با شما سخن بگویم، زیرا رئیس این جهان می‌آید. او هیچ قدرتی بر من ندارد؛ امّا من کاری را می‌کنم که پدر به من فرمان داده است تا جهان بداند که پدر را دوست می‌دارم. برخیزید، برویم.» (یوحنا ۱۴: ۳۰ و ۳۱)

اسقف اعظم «جی. اچ. برنارد» در تفسیر نامهٔ خود دربارهٔ این بخش از کلام مسیح می‌گوید: «عیسی فرموده است: شیطان قدرت ندارد در من مجالی بیابد و اختیاری بر من ندارد.»[۲] اصطلاحی که در اینجا به کار گرفته شده است، طبق توضیح «دی. ای. کارسون» یک اصطلاح قانونی است:

«او هیچ قدرتی بر من ندارد» عبارتی است به معنای «او هیچ مجالی در من ندارد». این نکته به اصطلاحی متداول در زبان عبری اشاره دارد به این معنی که «او هیچ ادعایی علیه من ندارد» یا «هیچ قدرتی بر من ندارد». شیطان تنها زمانی می‌توانست قدرتی بر مسیح داشته باشد که اتهامی قابلِ توجیه، علیه او وجود داشت.[۳]

چرا شیطان قدرتی بر مسیح ندارد؟ چون مسیح کاملاً بی‌گناه است. عیسای مسیح فرمود: «من کاری را می‌کنم که پدر به من فرمان داده است... .» (یوحنا ۱۴:۳۱ و یوحنا ۵:۱۹ را ببینید). به همین علت، هیچ‌چیز در مسیح وجود ندارد که مجال دهد شیطان علیه او ادعایی قانونی داشته باشد. مسیح هیچ فرصتی به شیطان نداده است. عیسی به‌عنوان مردی بی‌گناه بر صلیب شد. این نکته در حوزهٔ قدرت صلیب اهمیت فراوانی دارد. شیطان به دلیل بی‌گناهی مسیح، نمی‌تواند ادعا کند که بر صلیب شدن، مجازاتی بر حق بوده است.

مرگ خداوندْ عیسای مسیح بر صلیب، قربانیِ بدون گناه او، به‌جای آدمیان بود؛ نه مجازاتی که شیطان، علیه عیسای مسیح اجرا کند. اگر مسیحْ شیطان را مجال داده بود، مرگش تنها مجازات گناهانش محسوب می‌شد، اما به دلیل بی‌گناه بودن مسیح، مرگ او به‌عنوان فدیهٔ گناهان تمام جهانیان است.

دربارهٔ درهای باز و جای پاهایی که در زندگی خود در اختیار شیطان قرار داده‌ایم چه می‌توان کرد ؟ می‌توانیم درها را به روی شیطان ببندیم و جای پا را از میان برداریم. این اقدامات برای به‌دست آوردن آزادی و رهایی روحانی حیاتی هستند. باید این کار را ساختارمند انجام دهیم تا بتوانیم تمام درها را به روی شیطان ببندیم و تمام مجال‌ها را از او بگیریم.

اما چگونه می‌شود این کار را انجام داد؟ بیاید شش حوزه ای که می‌توانیم در آن‌ها این کار را انجام دهیم یک‌به‌یک در نظر بگیریم. با توجه به اسارتی که اسلام به وجود می‌آورد، تمام این موارد حیاتی هستند.

---

۲ جی. اچ. برنارد، کتاب تفسیری و منتقدانه روی انجیل به روایت یوحنا، جلد دوم، صفحه ۵۵۶

۳ دی. ای. کارسون، انجیل به روایت یوحنا، صفحهٔ ۵۰۸-۹.

گناه

اگر دَرِ باز، گناهانی باشد که مرتکب شده‌ایم، می‌توانیم به‌واسطهٔ توبه کردن از گناهانی که ممکن است به‌واسطهٔ آن‌ها به شیطان اجازهٔ ادعا را داده باشیم، این درباز را ببندیم. قدرت صلیب در این روند، نقش کلیدی دارد. با درخواست از مسیح به‌عنوان منجی خود، می‌توانیم بخشش خدا را دریافت کنیم. همان‌طور که یوحنا می‌نویسد: «خون پسر او، عیسی، ما را از هر گناه پاک می‌سازد.» (اول یوحنا ۱:۷). اگر از گناهان پاک شویم، گناه قدرتی علیه ما ندارد. پولس می‌نویسد: «توسط خون او پارسا شمرده شده‌ایم.» (رومیان ۵:۹) معنایش این است که خداوند ما را عادل می‌شمارد. هنگامی که توبه می‌کنیم و به سمت مسیح باز می‌گردیم، با او دفن می‌شویم و در او هویتی تازه دریافت می‌کنیم. در نتیجه، به کسی تبدیل می‌شویم که شیطان علیه او، ادعایی قابل توجیه ندارد. یعنی به شخصی تبدیل می‌شویم که شیطان علیه او قدرت ندارد؛ چراکه روی گناهانمان پوشیده شده است (رومیان باب ۴:۷). بنابراین، از ادعا و اتهاماتی رها می‌شویم که شیطان علیه ما به کار می‌برد.

این حقایق درعمل چگونه کار می‌کنند؟ اگر شخصی دائماً به‌دروغ گفتن عادت دارد، ابتدا باید درک کند که دروغ گفتن ازنظر خدا گناه و عملی نادرست است، سپس باید به گناه خود اعتراف کرده و از دروغ گفتن توبه کند و اطمینان داشته باشد که از طریق فدیهٔ کامل عیسای مسیح، می‌تواند بخشش را دریافت کند. هنگامی که این کار انجام شد، شخص می‌تواند مقابل دروغ بایستد و آن را انکار کند. از سوی دیگر، اگر شخص دروغ‌گو از دروغ گفتن لذت می‌برد یا این کار را مفید می‌داند و یا قصد ندارد دروغ گفتن را ترک کند، به‌احتمال زیاد، هرگز نمی‌تواند از اسارت گناهِ دروغ‌گویی آزاد شود و شیطان می‌تواند از این مجال، علیه او استفاده کند.

می‌توانیم از طریق توبه کردن در را به روی گناهان ببندیم و قدرت گناه را باطل و به صلیب عیسای مسیح تکیه کنیم. از این طریق، اجازه نمی‌دهیم شیطان از حق ادعای قانونی گناهانمان، علیه ما استفاده کند.

عدم بخشایش

ترفند دیگری که شیطان علیه ما از آن استفاده می‌کند، نبخشیدن دیگران است. مسیحْ اغلب، دربارهٔ بخشیدن دیگران تعلیم داده است. او فرمود: «تا دیگران را نبخشیم خدا ما را نخواهد بخشید.» (مرقس ۱۱:۲۵ و ۲۶؛ متی ۶:۱۴ و ۱۵)

عدم بخشایش می‌تواند ما را به خطای شخص دیگری یا اتفاق دردناکی وابسته نگاه دارد. این امر، مجالی در اختیار شیطان قرار می‌دهد تا علیه ما ادعایی قانونی داشته باشد. پولس در نامهٔ دوم قرنتیان دراین‌باره می‌نویسد:

«اگر شما کسی را ببخشید، من نیز او را می‌بخشم. و اگر کسی را بخشیده‌ام – البته اگر موردی برای بخشیدن وجود داشته است – در حضور مسیح و به‌خاطر شما چنین

کرده‌ام تا شیطان بر ما برتری نیابد، زیرا از ترفندهای او بی‌خبر نیستیم.» (دوم قرنتیان ۱۰:۲ و ۱۱)

چرا نبخشیدنِ دیگران، اجازه می‌دهد شیطان علیه ما قدرت یابد؟ چون شیطان می‌تواند نبخشیدن را به‌عنوان یک جای پا در ما به کار بگیرد؛ اما اگر از ترفندهای او با خبر باشیم، همان‌طور که پولس می‌گوید، می‌دانیم که باید از طریق بخشیدن دیگران اختیارات این چنینی را از شیطان بگیریم.

بخشیدن سه جنبه دارد. بخشیدن دیگران، دریافت بخشش از خداوند و گاهی هم بخشیدن خودمان. نماد «صلیب بخشش»[4] به ما کمک می‌کند تا این سه جنبه را به یاد داشته باشیم. خط افقی به ما یادآور می‌شود که دیگران را ببخشیم. خط عمودی به ما یادآور می‌شود تا بخشش خدا را دریافت کنیم و دایره به ما یادآور می‌شود که خود را ببخشیم.

بخشش به این معنی نیست که آنچه شخص انجام داده را فراموش می‌کنیم، یا عذری برای آن عمل قائل می‌شویم. معنایش این نیست که باید به آن شخص اعتماد کنیم. بخشش دیگران به این معناست که حق متهم کردن و مدعی شدن علیه آن‌ها را به خدا واگذار می‌کنیم. در اصل شخصی که علیه ما مرتکب خطا شده است را از هر ادعایی آزاد می‌کنیم که ممکن است علیه او داشته باشیم. آن شخص را به عدالت و داوری خدا واگذار می‌کنیم و موضوع را به‌طور کامل به خداوند می‌سپاریم. بخشیدن، یک احساس نیست؛ بلکه یک تصمیم است.

دریافت بخشش از خداوند به‌اندازهٔ بخشیدن دیگران مهم است؛ چون هنگامی که بدانیم بخشیده شده‌ایم، با قدرت بیشتری می‌توانیم دیگران را ببخشیم (افسسیان ۳۲:۴).

در منابع اضافه، در انتهای این راهنمای آموزشی، دعای بخشش وجود دارد که می‌توانید از آن استفاده کنید.

زخم‌های روان

زخم‌هایی که به روح و جانمان خورده است، می‌تواند باعث ایجاد یک جای پا برای شیطان شود. زخم‌های روانی می‌توانند بیش از زخم‌های جسمی باعث درد شوند و همچنین هنگامی که دردی جسمانی داریم، گاهی روح و جانمان نیز زخم می‌خورد. فرض کنید شخصی در اثر یک حمله، دچار زخم‌ها و آسیب‌های وحشتناک می‌شود و بعد از این اتفاق، ممکن است مدت زیادی دچار ترس باشد. شیطان می‌تواند از این ترس علیه آن شخص استفاده کند و او را اسیر ترس‌های مضاعف کند.

---

4 صلیب بخشش از "Restoring the Foundations" نوشتهٔ چستر و بتسی کیلسترا صفحهٔ ۹۸ اقتباس شده است.

یک‌بار هنگامی که دربارهٔ اسلام تعلیم می‌دادم زنی از جنوب آفریقا نزد من آمد که ده سال قبل، تجربه‌ای وحشتناک از عده‌ای با پیشینهٔ اسلامی داشت. با درخواست کلیسای محلی، خانواده آن زن در خانهٔ خود پذیرای دو مرد شده بودند که ادعا می‌کردند از اسلام به مسیحیت، ایمان آورده‌اند. این امر آغازگر دورانی به‌شدت سخت و دردناک بود. آن دو مرد خشن بودند و دائماً آن زن و خانواده‌اش را مسخره و تحقیر می‌نمودند. آن‌ها، زن را به دیوار چسبانیده و خوکْ خطاب می‌کردند. همچنین لعنتش می‌کردند و حتی هنگامی که از کنار او رد می‌شدند به روی او آب دهان می‌انداختند. آن زن، حتی اطراف خانه‌اش تکه کاغذهایی پیدا می‌کرد که روی آن‌ها به زبان عربی، نفرین و طلسم نوشته شده بود. آن خانواده از کلیسا کمک خواستند، اما هیچ‌کس حرف آن‌ها را باور نمی‌کرد. درنهایت آن‌ها تنها با اجاره کردن خانه در محلی دیگر، توانسته بودند از دست این «میهمانان» خلاص شوند. این زن نوشت: «در آن زمان ما از نظر مالی، روحی، عاطفی و جسمی خسته بودیم. دیگر به خودم ایمان نداشتم، احساس می‌کردم که برایم خوب نیست، زیرا آنها با من مانند خاک رفتار می‌کردند.»

پس از اینکه آن زن، تعلیماتم را دربارهٔ اسارت اسلام شنیده بود، تصمیم گرفت با ترس‌ها و شک‌های درونی خود مقابله کند که موجب آزارش شده بود. در کنار یکدیگر، برای دریافت شفا از این تجربهٔ دردناک که زخم‌هایی بر روان او به جا گذاشته بود دعا و ترس‌ها را باطل کردیم. او شفا یافت و گفت: «خدا را برای این ملاقات آسمانی جلال می‌دهم... احساس می‌کنم زنده شده‌ام و لایق هستم که به‌عنوان یک زن، خداوند را خدمت کنم. جلال بر خداوند!» او مدتی بعد برایم نامه‌ای نوشت:

> «ما هنوز هم خداوند را خدمت می‌کنیم، او را بیش از پیش محبت می‌کنیم، نکات زیادی را دربارهٔ فرهنگ و اعتقادات اسلامی آموختیم و از این طریق قدرت یافتیم تا بگوییم: تمام مسلمانان را با محبت خداوندْ محبت می‌کنیم و هرگز از نشان دادن این حقیقت در زندگی‌هایمان دست نخواهیم کشید که عیسای مسیح تک تک آن‌ها را محبت می‌کند.»

هنگامی که مردم، متحمل زخم‌هایی بر روح و جانشان می‌شوند، شیطان سعی می‌کند آن‌ها را با دروغ‌ها تغذیه کند. دروغ‌ها حقیقت ندارند، اما شخص آسیب دیده به‌خاطر دردی که می‌کشد، دروغ‌ها را باور می‌کند. دروغ شیطان به این زن این بود که او بی‌ارزش است و بدرد هیچ کاری نمی‌خورد.

برای رهایی از چنین دروغ‌هایی می‌توانیم این پنج قدم را به کار بگیریم:

۱. ابتدا از شخص بخواهید روح و جان خود را به دستان خداوند بسپارد و دردی که احساس می‌کند را به خداوند بگوید.

۲. سپس شخص، هرکسی را که به او آسیب زده، می‌بخشد.

۳. سپس از عیسای مسیح بطلبید که آسیب روحی و روانی که شخص متحمل شده است، را شفا دهد.

۴. سپس آن شخص ترس و سایر تأثیرات مخرب آسیب روحی و روانی خود را باطل و اعلام می‌کند که به خدا ایمان و تکیه دارد.

۵. و در انتها شخص دروغ‌هایی را که به‌خاطر دردهایش باور کرده است، اعتراف و سپس انکار می‌نماید.

پس از این اقدامات، به دلیل اینکه مجال از شیطان گرفته می‌شود، شخص بهتر می‌تواند در مقابل حمله‌های او مقاومت کند.

کلمات

کلمات می‌توانند قدرتمند باشند. ممکن است با استفاده از کلمات، خود و یا دیگران را به اسارت بکشیم. به همین دلیل است که شیطان سعی می‌کند از کلمات ما، علیه ما استفاده کند. عیسای مسیح فرمود:

> «امّا به شما می‌گویم که مردم برای هر سخن پوچ که بر زبان رانند، در روز داوری حساب خواهند داد.زیرا با سخنان خود تبرئه خواهید شد و با سخنان خود محکوم خواهید گردید.» (متی ۱۲:۳۶ و ۳۷)

عیسای مسیح به ما تعلیم داده که از کلام خود نه برای لعنت، بلکه برای برکت دادن دیگران استفاده کنیم. «امّا ای شما که گوش فرا می‌دهید، به شما می‌گویم که دشمنان خود را محبت نمایید و به آنان که از شما نفرت دارند، نیکی کنید. برای هر که نفرینتان کند برکت بطلبید و هر کس را که آزارتان دهد دعای خیر کنید.» (لوقا ۶:۲۷ و ۲۸)

مسیح به ما هشدار داده است تا دربارهٔ کلمات خود بی‌احتیاط نباشیم، این شامل سخن گفتن، وعده‌ها و عهدهایی که واردشان می‌شویم نیز می‌باشد.

> «امّا من به شما می‌گویم، هرگز سوگند مخورید. پس 'بلهِ' شما همان 'بله' باشد و 'نهِ' شما 'نه'، زیرا افزون بر این، شیطانی است.» (متی ۵:۳۴-۳۷)

پس چرا نباید سوگند بخوریم؟ عیسی توضیح می‌دهد که سوگند خوردن از شریر (شیطان) هستند. شیطان می‌خواهد سوگند بخوریم؛ چراکه مایل است از کلام ما، علیه‌مان استفاده کند و به ما لطمه بزند. سوگند خوردن، به شیطان مجال می‌دهد و راهی ایجاد می‌کند که او بتواند علیه ما مدعی شود. حتی اگر قدرت کلامی که بر زبان می‌آوریم را درک نکنیم، بازهم چنین امری ممکن است.

پس باید چه کنیم اگر سوگندی خوردیم و یا با کلام خود، عهد و پیمانی بستیم (و شاید در مراسمی مذهبی شرکت کردیم) که باعث شده به مسیر اشتباهی وارد شویم که مطابق ارادهٔ خدا نیست و نباید در آن پا می‌گذاشتیم؟

در لاویان ۵:۴-۱۰ شرح داده شده است که اگر کسی بیهوده سوگندی را به زبان آورد و به‌واسطهٔ آن، به کاری ملزم شود، چه باید می‌کردند. خدا راهی فراهم کرده بود تا قوم

اسرائیل بتوانند از چنین سوگندهایی رها شوند. ابتدا شخص باید یک قربانی را به‌عنوان فدیهٔ گناه خود، نزد کاهن اعظم می‌آورد و سپس می‌توانست از سوگندی که با بی دقتی یاد کرده، رها شود.

خبر خوش این است که به‌خاطر صلیب عیسای مسیح می‌توانیم از وعده‌ها، سوگندها و یا عهدهای ناپاکی که بسته‌ایم، رها شویم. این تعلیم کتاب مقدس فوق‌العاده است که می‌گوید خون عیسای مسیح، نیکوتر از خون هابیل سخن می‌گوید:

«بلکه به کوه صَهیون نزدیک آمده‌اید و به عیسی که واسطهٔ عهدی جدید است و به خونِ پاشیده‌ای که نیکوتر از خون هابیل سخن می‌گوید.» (عبرانیان ۱۲:۲۲-۲۴)

معنی این آیات، در اصل این است که خون عیسای مسیح قدرت دارد تا تمام لعنت‌هایی که بابت سخنانمان و پیمان‌های گذشته به زندگی ما واردشده است را باطل سازد. در اصل عهدی که در خون عیسای مسیح بسته‌ایم، پیمان‌هایی را باطل می‌سازد که با ترس و مرگ بسته‌ایم.

فرایض و مراسم مذهبی: رهایی از عهدهای خونی

دربارهٔ قدرت کلمات در بستن پیمان‌ها سخن گفتیم. در کتاب مقدس عبری، یکی از روش‌های متداول عهد بستن از طریق خون بوده است. این کار شامل به زبان آوردن جملاتی در کنار انجام دادن مراسم مذهبی بوده است.

هنگامی که خداوند در پیدایش باب ۱۵ با ابراهیم عهد بست، این عهد مشهور، به‌واسطهٔ یک قربانی بسته شد. ابراهیم حیوانی را آورد، قربانی کرد و آن را روی زمین قرارداد. سپس دود و آتش که نماد حضور خداوند بود از میان تکه‌های حیوان قربانی عبور کرد. این مراسم به نشانه چنین لعنتی بود که: «اگر این عهد را بشکنم به سرنوشت این حیوان دچار شوم» یعنی «کشته و تکه تکه شوم.»

این نکات را در هشدارهای خداوند و در متن کتاب ارمیای نبی مشاهده می‌کنیم:

«من با کسانی که از عهد من تجاوز کردند و مفاد عهدی را که در حضور من بستند به جا نیاوردند، همچون گوساله‌ای عمل خواهم کرد که آن را به دو نیم کرده، از میانش عبور نمودند. من صاحب منصبان یهودا و صاحب منصبان اورشلیم و خواجه‌سرایان و کاهنان و همهٔ مردمان این سرزمین را که از میان پاره‌های گوساله عبور کرده‌اند، به دست دشمنانشان و به دست آنان که قصد جانشان دارند تسلیم خواهم کرد و اجسادشان طعمهٔ پرندگان هوا و وحوش صحرا خواهد شد.»(ارمیا ۳۴:۱۸-۲۰)

مراسم عهدهای این‌چنینی، مانند مراسمی که در سحر و جادوگری اجرا می‌شود، ممکن است شامل عهدهای خونی باشد. در چنین مراسمی ممکن است از لعنتی مانند مرگ نام‌برده شود، البته نه با خون؛ بلکه به‌عنوان یک نماد: ممکن است لعنت خود تخریبی

نام‌برده شود؛ مثلاً ممکن است نمادی به شکل یک دار به دور گردن شخص آویخته شود و یا ممکن است نمایشی نمادین از مرگ اجرا شود. به‌عنوان مثال، شخص را در تابوت قرار می‌دهند یا به‌صورت نمادین، وانمود می‌کنند خنجری در قلب او فرو می‌رود. (در ادامه نمادی مانند این مثال‌ها را در حوزهٔ اسلام بررسی خواهیم کرد).

عهدهای خونی، مانند عهدهای نمادین مراسم مرگ، لعنت مرگ را بر شخص و در برخی مواقع، بر نسل او قرار می‌دهد. چنین عهدهایی به لحاظ روحانی خطرناک هستند؛ چراکه راه را برای سرکوب روحانی باز می‌کنند. ابتدا شخص به شروط عهد ملزم و سپس به او اجازه داده می‌شود که برای وفا به آن عهد، بکشد و یا کشته شود.

زنی مسیحی کابوس‌هایی می‌دید؛ اجداد او در این جامعه، نسل اندر نسل تحت حاکمیت اسلام زندگی می‌کردند. او کابوس‌هایی می‌دید که در آن، اجدادش او از او می‌خواستند که به سرزمین مردگان بیاید. همچنین، او بی‌دلیل مدام با تفکرات خودکشی درگیر بود. هنگامی که با او صحبت می‌کردم، در حین دعا مشخص شد که سایر اعضای خانواده او هم در نسل‌های گذشته، کابوس‌های وحشتناکی از مرگ را تجربه کرده اند، که واقعاً برایشان طاقت‌فرسا بوده است. تشخیص دادم اجداد او، تحت حکومت اسلامی زندگی می‌کردند و تحت پیمان ذمه قرار داشتند؛ از این‌رو، ترس از مرگ، او را از لحاظ روحانی سرکوب می‌کرد. مراسم خاصی وجود داشت که طی آن، هرساله اجداد آن زنْ باید بر اساس شرایط ذمه، به مسلمین جزیه می‌پرداختند. در بخشی از این مراسم، ضربه‌ای به گردن آن‌ها زده می‌شد که نمادی از گردن زده شدن آن‌ها در صورت شکستن پیمان ذمه بود. (در فصل ۶ راجع‌به این مراسم سخن می‌گوییم). با آن زن علیه این لعنت‌ها دعا کردیم؛ قدرت مرگ را نهیب زده و لعنتی را باطل اعلام نمودیم که به مراسم نمادین گردن‌زَنی ارتباط داشت. بعد از اینکه، به‌واسطهٔ دعا، قدرت آن مراسم نمادین را شکست، آن زن توانست از کابوس‌ها و فکر مرگ رها شود.

باورهای ناپاک (دروغ‌ها)

یکی از ترفندهایی که شیطان علیه ما استفاده می‌کند این است که ما را با دروغ‌ها تغذیه کند. هنگامی که دروغ‌های شیطان را می‌پذیریم و باور می‌کنیم، او می‌تواند از دروغ‌ها برای مدعی شدن علیه ما، گمراه کردن و همچنین فریب دادن مان استفاده کند. هرگز فراموش نکنید که شیطان دروغ‌گو و پدر تمام دروغ‌ها است. (یوحنا ۴۴:۸) (یک دروغ شیطان، در داستان زنی از جنوب آفریقا که در همین فصل به آن پرداختیم، این بود که او بی‌ارزش است).

هنگامی که به شاگردان بالغ عیسای مسیح تبدیل شویم، می‌آموزیم که چگونه می‌توانیم دروغ‌هایی را تشخیص داده و رد کنیم که در گذشته به‌عنوانِ حقیقت می‌پذیرفتیم. این دروغ‌ها و باورهای گناه آلود که از خدا نیستند، می‌توانند به طرق مختلف، وارد زندگی ما شوند: در سخنانی که به زبان می‌آوریم، در آنچه به آن می‌اندیشیم، اعتقاد داریم و در گفت‌وگوی درونی که با خودمان داریم، یعنی در گفت‌وگویی که در خفا و درون خودمان به زبان می‌آوریم و به آن اعتقاد داریم. چند نمونه از باورهایی که از خدا نیستند:

- هیچ‌کس نمی‌تواند من را دوست داشته باشد.
- مردم عوض نمی‌شوند.
- هرگز امنیت نخواهم داشت.
- در من مشکلی اساسی وجود دارد.
- اگر مردم حقیقتاً بدانند من چگونه آدمی هستم من را طرد می‌کنند.
- خدا هرگز من را نخواهد بخشید.

برخی از دروغ‌ها ممکن است بخشی از فرهنگ جامعه ما باشد؛ به‌عنوان مثال: «زنان ضعیف هستند» یا «نمی‌توان به مردها اعتماد کرد.» من در یک جامعه انگلیسی زبان آنگلوساکسون رشد و زندگی کرده‌ام و یکی از دروغ‌های جامعهٔ ما این است که مردان، نباید احساساتشان را بروز دهند. اصطلاحی در زبان انگلیسی متداول است که می‌گوید: «مردان واقعی گریه نمی‌کنند.» مردم این کار را «سر را بالا نگاه داشتن» می‌نامند. ولی این باور حقیقت ندارد؛ چراکه مردان واقعی هم گاهی گریه می‌کنند!

هنگامی که به‌عنوان شاگردان مسیح در بلوغ روحانی رشد می‌کنیم، یاد می‌گیریم دروغ‌های جامعه را به چالش کشیده و آن‌ها را با حقیقت جایگزین کنیم.

به یاد داشته باشید: بی‌نقص‌ترین دروغ‌ها، دروغ‌هایی هستند که احساس می‌کنیم حقیقت دارند. گاهی حتی وقتی در ذهن می‌دانیم که باورهای ناپاکمان دروغین هستند در دل احساس می‌کنیم که باورهای ناپاکمان واقعیت دارند.

عیسای مسیح به ما تعلیم داده است که: «اگر در کلام من بمانید، به‌راستی شاگرد من خواهید بود و حقیقت را خواهید شناخت، و حقیقت شما را آزاد خواهد کرد.» (یوحنا ۳۱:۸ و ۳۲)

روح القدس ما را یاری می‌رساند تا دروغ‌هایی را تشخیص دهیم که به آن‌ها باور داریم و به این‌ترتیب، نام ببریم و انکار کنیم (اول قرنتیان ۱۴:۲ و ۱۵).همان‌طور که مسیح را پیروی می‌کنیم و فرا می‌گیریم که چگونه دروغ‌های این جهان را رد و انکار کنیم، تفکرمان شفا می‌یابد و تبدیل می‌شود. پولس توضیح می‌دهد که می‌توانیم از این طریق، ذهن‌هایمان را نو کنیم:

> «دیگر هم‌شکل این عصر مشوید، بلکه با نو شدن ذهن خود دگرگون شوید. آنگاه قادر به تشخیص ارادهٔ خداخواهید بود؛ ارادهٔ نیکو، پسندیده و کامل او.» (رومیان ۲:۱۲)

خبر بد این است که دروغ‌ها می‌توانند مجالی را در اختیار شیطان بگذارند. خبر خوش این است که می‌توانیم از طریق مواجه‌شدن با حقیقت و به‌کارگیری آن، از شر این مجال‌ها

خلاص شویم. می‌توانیم حقیقت را تشخیص دهیم و هر دروغی که پذیرفته‌ایم، اعتراف نموده و رد و انکار کنیم.

در بخش منابع اضافهٔ این کتاب آموزشی، دعایی برای مقابله با دروغ‌ها گنجانیده شده است.

گناهان نسلی (گناهان آباءواجدادی) و لعنت‌هایی که در نتیجهٔ گناهان نسلی به وجود می‌آیند

ترفند دیگری که شیطان از آن، علیه ما استفاده می‌کند گناهان نسلی یا گناهان اجدادمان می‌باشد. این گناهان می‌توانند عواقبی را در قالب لعنت‌ها در پی داشته باشند که البته تأثیرات بسیار بدی روی ما می‌گذارد.

همهٔ ما خانواده‌هایی را دیده‌ایم که در آن‌ها گناهان و یا خصوصیاتی خاص، نسل به نسل منتقل می‌شود. مَثَلی در زبان انگلیسی وجود دارد که می‌گوید: «سیب، پای درختش می‌افتد.» (که معادل فارسی آن: تَره به تخمش می‌ره، حسنی به باباش!) خانواده‌ها میراث‌های روحانی را به‌جای می‌گذارَند که ممکن است با باقی گذاشتن درهای باز برای شیطان، بر نسل‌های بعدی، تأثیرات منفی بگذارند. سرکوب روحانی می‌تواند روی نسل‌ها اثر بگذارد، چراکه یک نسل، ممکن است به‌واسطهٔ گناهان، لعنت و شرارت را برای نسل بعدی به میراث بگذارد.

برخی مسیحیان مفهوم اثرات روحانی نسلی را نپذیرفتنی و یا حتی غیرمنطقی بدانند. ممکن است به‌جای آن، به تأثیر رفتار والدین روی فرزندان اشاره کنند. به‌عنوان مثال: اگر پدری دروغ بگوید، فرزندانش ممکن است از او پیروی کنند و دروغ‌گویی را یاد بگیرند؛ یا اگر مادری به فرزندانش دشنام دهد و یا آن‌ها را لعنت کند، در نتیجه فرزندانش تصویر درونی بدی از خود خواهند داشت. اسم این مسئله، رفتارهای آموختنی است؛ اما میراث روحانی هم وجود دارد که از والدین، به نسل بعدی منتقل می‌شود و با آموزه‌های رفتاری والدین تفاوت دارد.

تمام جهان‌بینی کتاب مقدس در رابطه با عهدها، لعنت‌ها و برکت‌ها با این دیدگاه مطابقت دارند. کتاب مقدس شرح می‌دهد که خدا چگونه با قوم اسرائیل عهد بست و الگوی نسلی را برای آن‌ها در نظر گرفت تا وارد ساختاری تشکیل‌شده از برکت‌ها و لعنت‌ها شوند، که روی نسل آن‌ها تأثیر می‌گذارد - همچنین کتاب مقدس راجع‌به برکت‌هایی سخن می‌گوید که تا هزاران نسل و لعنت‌هایی که تا چهار نسل ادامه پیدا می‌کنند (خروج ۲۰:۵ و ۳۴:۷).

چون خدا به شیوه‌ای نسلی با مردمان پیمان بست، می‌توانیم به‌سادگی درک کنیم که شیطان ادعاهایی نسلی را علیه بشر مطرح می‌کند! به یاد داشته باشید شیطان مدّعیِ برادران ما است که شبانه‌روز در پیشگاه خدای ما بر آنان اتهام می‌زند. (مکاشفه ۱۲:۱۰) شیطان هر ترفندی را علیه ما به کار می‌برد. به‌عنوان مثال: گناه آدم و حوا لعنت‌های نسلی را به وجود

آورد که به فرزندان و نسل آن‌ها منتقل شد، این لعنت‌ها شامل درد زایمان و استیلای مرد بر زن (پیدایش باب ۱۶:۳) تلاش و کار سخت برای تهیه نیازهای روزانه (پیدایش ۱۷:۳ و ۱۸) و نهایتاً مرگ و زوال (پیدایش ۱۹:۳) می‌باشد. عصر تاریک ما همین‌گونه است. شیطان این حقایق را می‌داند و علیه ما به کار می‌بندد.

کتاب مقدس دربارهٔ تغییری در این زمینه نبوت کرده است، یعنی زمانی که خدا دیگر انسان‌ها را بابت گناهان والدینشان مسئول قلمداد نمی‌کند و هر شخص، مسئول گناهان خود خواهد بود.

> «اما شما می‌گویید: «چرا پسر متحمل بار تقصیر پدر نشود؟» وقتی پسر به انصاف و پارسایی عمل کرده و تمامی فرایض مرا نگاه داشته و آن‌ها را به‌جا آورده است، به‌یقین زنده خواهد ماند. هر که گناه کند، اوست که خواهد مرد. پسر متحمل بار تقصیر پدر نخواهد شد و نه پدر متحمل بار تقصیر پسر. پارسایی شخص پارسا به‌حساب خودش گذاشته خواهد شد و شرارت شخص شریر نیز به حساب خودش.» (حزقیال ۱۹:۱۸-۲۰)

این بخش از کلام را می‌توانیم به‌عنوان نبوتی دربارهٔ عصر منجی، عصر پادشاهی عیسای مسیح، بشناسیم. این حقیقت تغییری اساسی در این واقعیت ایجاد نمی‌کند که عصر تاریکی در حاکمیت شیطان اداره می‌شود؛ بلکه وعده‌ای برای جهانی متفاوت است، جهانی که با آمدن پادشاهی پسر یگانه و محبوب خدا، آن را پدید خواهد آورد. این وعده نه‌تنها اعلام می‌کند که تحت عهد جدید، خدا هرکس را مطابق اعمال خود جزا خواهد داد، بلکه اعلام می‌کند: قدرت شیطان برای به بند کشیدن مردم از طریق والدین و اجدادشان، به‌واسطهٔ قدرت مرگ و رستاخیز عیسای مسیح شکسته خواهد شد.

پس علی‌رغم اینکه عهد عتیق یعنی «عهد گناه و مرگ» دربارهٔ انتقال لعنت گناهان از طریق نسل‌ها سخن می‌گفت، مسیح این عهد کنار زد که به‌وسیلهٔ آن، شیطان قادر بود مردم را به دلیل گناهان والدینشان به بند بکشد؛ او به‌واسطهٔ صلیب خود، عهد گناه و مرگ را خنثی نمود. اکنون تمام مسیحیان حق‌دارند از این آزادی برخوردار شوند.

چطور می‌توانیم رهایی خود را از لعنت‌های نسلی (آباء و اجدادی) به دست آوریم؟ پاسخ در کتاب مقدس است. تورات توضیح می‌دهد که نسل‌های تازه برای رهایی از تأثیر گناهان نسل گذشته، باید به گناهان خود و گناهان اجدادشان اعتراف کنند. (لاویان ۴۰:۲۶). خدا در ادامه می‌گوید: عهد خود را با اسلاف ایشان به یاد خواهم آورد و آن‌ها و سرزمینشان را شفا خواهم داد. (لاویان ۴۵:۲۶).

می‌توانیم از همین روش استفاده کنیم، یعنی می‌توانیم:

- به گناهان اجدادمان و گناهان خودمان اعتراف کنیم،
- گناهان را رد و پس از توبه، انکار کنیم و سپس...
- تمام لعنت‌هایی را باطل اعلام کنیم که به‌واسطهٔ این گناهان پدید آمده

به‌خاطر صلیب عیسای مسیح قدرت داریم این کار را انجام دهیم. صلیب قدرت دارد تا ما را از هر لعنتی آزاد سازد: مسیح به‌جای ما لعن شد و این‌گونه ما را از لعنت شریعت بازخرید کرد (غلاطیان ۳:۱۳).

دعایی دربارهٔ گناهان نسل‌های گذشته در بخش منابع اضافه این کتاب آموزشی قرار داده‌شده است.

در بخش بعدی راجع‌به قدرتی که در مسیح از آن برخورداریم و نحوهٔ به‌کارگیری آن در شرایط ویژه و شخصی سخن می‌گوییم. همچنین به توضیح پنج قدم برای شکست دادن ترفندهای شیطان خواهیم پرداخت.

قدرت پادشاهی خداوند برای ما

عیسای مسیح، شاگردان را تعلیم داد که قدرت بستن و یا گشودن امور در آسمان‌ها و زمین را در اختیاردارند، معنایش این است که شاگردان می‌توانند در عالم روحانی و همچنین جهان مادی، این کار را انجام دهند:

> «آمین، به شما می‌گویم، هرآنچه بر زمین ببندید، در آسمان بسته خواهد شد؛ و هرآنچه بر زمین بگشایید، در آسمان گشوده خواهد شد.» (متی ۱۸:۱۸، همچنین متی ۱۶:۱۹)

وعدهٔ برتری ما بر شیطان در اصل، در ابتدای کتاب مقدس، پیدایش ۳:۱۵ اعلام شده است، خدا می‌فرماید کسی از نسل زن، سر مار را خواهد کوبید. پولس نیز از این نکته یاد می‌کند: خدای صلح و سلامت به‌زودی شیطان را زیر پاهای شما لِه خواهد کرد. (رومیان ۱۶:۲۰)

هنگامی که عیسای مسیح شاگردان خود را، یعنی ابتدا آن دوازده نفر و سپس آن هفتاد و دو نفر را فرستاد؛ به آن‌ها قدرت داد تا آمدن پادشاهی خدا را اعلام کنند و ارواح پلید را اخراج نمایند. (لوقا ۹:۱). هنگامی که شاگردان بازگشتند، تعجب خود را از این قدرت ابراز کردند و گفتند: «سرور ما، حتی دیوها هم به نام تو از ما اطاعت می‌کنند.» و عیسای مسیح پاسخ داد: «شیطان را دیدم که همچون برق از آسمان فرو می‌افتاد.» (لوقا ۱۰:۱۷ و ۱۸)

این برایمان آرامش و تسلی بزرگی است که مسیحیان قدرت دارند تا ترفندهای شیطان را مغلوب و نابود سازند. معنایش این است که ایمان‌داران قادرند عهدهای ناپاک و پیمان‌هایی که از خدا نیستند را شکسته و باطل‌نمایند؛ چراکه خون عیسای مسیح قدرت هر عهدی را باطل می‌سازد که باهدفی شریرانه بسته شده باشد. این وعده در نبوت‌های زکریا دربارهٔ مسیح آورده شده است:

> «و در خصوص تو نیز، به سبب خون عهدم با تو، اسیرانت را از چاه بی‌آب رها خواهم کرد.» (زکریا ۹:۱۱)

اصل مشخص عمل کردن

هنگامی که در پی آزادی هستیم، برداشتن قدم‌های مشخص و عامدانه که به مقابله با درهای باز و مجال‌های ناپاک مرتبط هستند، ضروری است. عهد عتیق فرمان می‌دهد که بت‌ها و محل پرستش آن‌ها بایستی کاملاً نابود شوند. روش نابود کردن قدرت روحانی بت‌ها در تثنیه ۱۲:۱-۳ اعلام شده است، خداوند قوم خود را فرمان می‌دهد که مکان‌های پرستش بت‌ها و مذبح‌ها و همچنین مکان‌های اجرای فرایض بت‌ها را نابود سازند.

نیکوست که شخص در هنگام اعتراف، گناه خود را نام ببرد. به همین شکل، هنگامی که رهایی روحانی را اعلام می‌کنیم، بایستی به‌طور خاص به نام اسارت روحانی اشاره کنیم که از آن رهایی می‌طلبیم. انجام این کار نور حقیقت خدا را به تمام حوزه‌های زندگی‌مان می‌تاباند که نیازمند بخشایش است. هنگامی که شخص وارد پیمان‌های ناپاکی شده که از خدا نیستند، آن پیمان‌ها بایستی یک‌به‌یک به همراه شروط و عواقبشان باطل شوند. این کار باید به شکلی مشخص و عامدانه صورت گیرد. به‌طورکلی، هرچقدر ترفندی که شیطان به کار گرفته است قوی‌تر باشد، باید عامدانه‌تر نسبت به شکستن قدرت آن، قدم برداریم.

اصل عامدانه عمل کردن، هنگامی به کار گرفته می‌شود که تصمیم می‌گیریم خود را از عهد و پیمان‌های ناپاکی رها سازیم که با کلام و اعمال‌مان گرفتارشان شده‌ایم؛ به‌عنوان مثال، شخصی که با تقدیم قربانی خونی، عهد سکوت بسته است،بایستی توبه کند و شرکت در آن مراسم و به‌طور خاص پیمانی که در آن مراسم بسته را باطل و انکار نماید. به همین شکل، شخصی که با نبخشیدن و کینه‌توزی دچار مشکل است یا کلماتی نظیر: «تا روزی که زنده هستم فلان شخص را نخواهم بخشید... .» را به زبان آورده است هم بایستی از این عهد توبه کند و این پیمان را باطل سازد و بابت به زبان آوردن چنین سخنانی، از خدا بخشش بطلبد. یک قربانی سؤاستفادهٔ جنسی، که از روی ترس و با تهدید مرگ توافق کرده است که ساکت بماند هم بایستی، عهد خود را انکار کند تا بتواند آزادی خود را به زبان آورد؛ به‌عنوان مثال: «سکوت خود را دربارهٔ آنچه بر من اتفاق افتاده است را می‌شکنم و حق‌دارم دربارهٔ آن سخن بگویم.»

زنی به نام سوزان، تعدادی از عزیزانش را یعنی پدر، مادر و همسر خود را از دست داده بود. او می‌ترسید که اگر کسی را دوست داشته باشد، ممکن است او را نیز از دست بدهد؛ پس با خود پیمان بسته بود که «دیگر هرگز کسی را دوست نخواهم داشت.» سوزان، هرکسی را که به او نزدیک می‌شد، دشنام داده و لعنت می‌کرد؛ اما سوزان در هنگام هشتاد سالگی مسیح را یافت و به کلیسا پیوست. مسیح او را امید بخشید تا عهد ۵۰ سالهٔ خود را بشکند و انکار کند. سوزان که از ترس آزاد شده بود، توانست با زنان دیگر کلیسا دوستی عمیق و زیبایی را برقرار کند. هنگامی که سوزان از چنگال شیطان رها شد، زندگی او به‌طور کامل تغییر کرد.

پنج قدم به‌سوی رهایی

در اینجا راجع‌به الگویی خدمتی صحبت خواهد شد که شامل پنج قدم می‌شود و می‌توانیم از آن در راستای مقابله و نابود ساختن ترفندهایی شیطان استفاده کنیم.

۱. اعتراف و توبه

قدم اول این است که هر گناهی را اعتراف کنیم و حقیقتی را که خداوند اعلام کرده، به زبان آوریم. به‌عنوان مثال: اگر باوری ناپاک داشته‌اید، می‌توانید آن را به‌عنوان گناهی مشخص به زبان آورید و از خدا بخواهید شما را بابت آن گناه ببخشد و از آن گناه توبه کنید. همچنین می‌توانید حقیقت خدا را دربارهٔ آن شرایط خاص به زبان آورید.

۲. انکار کردن

قدم بعدی انکار کردن است. معنایش این است که به صورت علنی اعلام کنید که دیگر از آن باور یا آن چیز حمایت نمی‌کنید و به آن معتقد و موافق نبوده و هیچ رابطه‌ای با آن باور نخواهید داشت. به‌عنوان مثال، اگر درگذشته در مراسمی ناپاک و ضد- خدا شرکت داشته‌اید، آن را انکار می‌کنید، عهدهایی که بسته‌اید را می‌شکنید و از آن‌ها دست برمی‌دارید. همان‌طور که گفته شد باید به صورت عامدانه به تک‌تک موارد بپردازید.

۳. شکستن

در این قدم از اقتدار روحانی بهره می‌گیرید که به شما داده شده تا قدرت [تاریکی] را درهم بشکنید. به‌عنوان مثال؛ اگر پای لعنتی در میان باشد می‌توانید اعلام کنید: «این لعنت را باطل می‌سازم و می‌شکنم.» شاگردان مسیح اقتدار یافتند تا قدرت‌های دشمن را، در نام مسیح نابود سازند (لوقا ۱۹:۱۰)، این کار نیز باید عامدانه انجام شود.

۴. اخراج کردن

ارواح پلید از جای پا یا درهای باز استفاده می‌کنند تا شخصی را آزار برسانند؛ پس از اینکه درهای باز را بستید و جای پاها را به‌واسطهٔ توبه، انکار و باطل ساختن یا شکستن از میان برداشتید، باید به ارواح پلید دستور دهید تا شخص را ترک و رها کنند.

۵. برکت دادن و پر ساختن

قدم آخر این است که شخص را برکت دهید و دعا کنید که خداوند او را با نیکویی پر سازد، یعنی نقطه مقابل آنچه که در گذشتهٔ شخص وجود داشته و مسبب آزارش بوده است. به‌عنوان مثال، اگر شخصی با ترس از مرگ دست‌وپنجه نرم می‌کند، او را با حیات و شهامت برکت دهید.

این پنج قدم را می‌توانید برای رهایی از هر اسارتی به کار بگیرید، اما در اینجا تمرکز ما بر رهایی از اسلام قرار دارد؛ بنابراین در دروس آینده، یاد خواهیم گرفت که چگونه با بهره‌گیری از این گام‌ها، می‌توانیم اشخاص را از اسارت اسلام، رها کنیم.

۳

شناخت اسلام

حقیقت را خواهید شناخت و حقیقت شما را آزاد خواهد کرد.

یوحنا **۳۲:۸**

در این قسمت‌ها شهادتین را شرح و توضیح می‌دهیم که شهادتین، چگونه مسلمانان را به پیروی از الگوی محمد وادار می‌کند.

مسلمان شدن چگونه است؟

کلمهٔ اسلام در زبان عربی، به معنی تسلیم و کلمهٔ مسلمان به معنی تسلیم شده می‌باشد، یعنی کسی که تسلیم اللّه شده است.

معنی تسلیم اللّه بودن چیست؟ تصویر اللّه در قرآن، حاکم و اربابی است که بر همه‌چیز و همه‌کس حکومت می‌کند. همچنین انتظار می‌رود انسان‌ها تسلیم حاکمیت و قدرت او باشند.

کسی که مسلمان می‌شود، تسلیم اللّه و روش و الگوی پیامبر او شده است. برای انجام این کار، شخص به شهادتین اقرار می‌کند که اعتقادنامهٔ اسلام است:

> أَشْهَدُ أَنْ لَا إِلٰهَ إِلَّا ٱللَّهُ
> أَشْهَدُ أَنَّ مُحَمَّدًا رَسُولُ ٱللَّهِ
>
> گواهی می‌دهم، خدا [و معبودی] جز اللّه نیست،
> گواهی می‌دهم، محمد پیامبر [و فرستاده] خداست.

اگر شهادتین را بپذیرید و آن را به زبان بیاورید، مسلمان شده‌اید.

با وجود اینکه شهادتین کوتاه است، معنای آن بسیار عمیق می‌باشد. اقرار به شهادتینْ عهدی است که اعلام می‌کند تا آخر عمر، محمد رهبر و هدایت‌گر زندگی شما خواهد بود. مسلمانی یعنی تسلیم بودن؛ تسلیم بودن هم به معنی پیروی از محمد به‌عنوان آخرین

فرستادهٔ اللّه است؛ کسی که برای تمام جزئیات زندگی‌تان، الگو و راهنمایی‌هایی را در اختیارتان می‌گذارد.

راهنمایی‌ها و دستورات محمد از طریق دو منبع که احکام اسلام را می‌سازند ارائه شده است:

- قرآن، کتاب نازل شده از سوی اللّه به محمد است.
- سنت که الگوی محمد محسوب می‌شود؛ شامل دو مورد زیر است:
  - تعلیمات محمد به مردم.
  - اعمالی که محمد به انجام رساند.

الگوی محمد یعنی سنت، به دو شکل در اختیار مسلمانان قرار گرفته است. مجموعهٔ احادیث که اهل سنت معتقدند محمد، به آن‌ها عمل کرده و آن‌ها را به زبان آورده است. سیره، که در اصل سرگذشت محمد است و ادعا می‌شود که روایت زندگی اوست که از ابتدا تا انتها بیان شده.

شخصیت محمد

هرکس که در بند شهادتین باشد، وظیفه دارد از الگوی محمد و خصوصیات او را پیروی کند. دلیل این موضوع، اعتراف به شهادتین است که اعلام می‌کند محمد، فرستادهٔ اللّه است. به زبان آوردن این کلمات در شهادتین، به این معناست که الگوی محمد را برای زندگی خود پذیرفته‌اید و باید از او پیروی کنید.

در قرآن، محمد بهترین الگو نامید می‌شود و همه موظف هستند از او پیروی کنند.

> البته شما را به رسول خدا (چه در صبر و مقاومت با دشمن و چه دیگر اوصاف و افعال نیکو) اقتدایی نیکوست، برای آن کس که به (ثواب) خدا و روز قیامت امیدوار باشد و یاد خدا بسیار کند. (ق ۲۱:۳۳)

> کسی که از پیامبر اطاعت کند، خدا را اطاعت کرده... . (ق ۴:۸۰)

> هیچ مرد و زن باایمانی حق ندارد هنگامی که خدا و پیامبرش امری را لازم بدانند، اختیاری (در برابر فرمان خدا) داشته باشد؛ و هر کس نافرمانی خدا و رسولش را کند، به گمراهی آشکاری گرفتار شده است. (ق ۳۶:۳۳)

قرآن اعلام می‌کند کسانی که محمد را اطاعت می‌کنند، پیروز می‌شوند و نعمت دریافت می‌کنند.

> و هر کس فرمان خدا و رسول را اطاعت کند و خدا ترس و پرهیزگار باشد چنین کسان را فیروزی و سعادت خواهد بود. (ق ۵۲:۲۴)

و کسی که خدا و پیامبر را اطاعت کند، (در روز رستاخیز)، همنشین کسانی خواهد بود که خدا، نعمت خود را بر آنان تمام کرده؛ از پیامبران و صدّیقان و شهدا و صالحان؛ و آن‌ها رفیق‌های خوبی هستند! (ق ۴:۶۹)

مخالفت با فرامین محمد و الگوی او، به معنای بی‌ایمانی است و گفته می‌شود که این کار، باعث شکست در این جهان و آتش دوزخ در جهانِ باقی خواهد بود. این لعنت‌ها در قرآن بر مسلمانان قرارگرفته است:

کسی که بعد از آشکار شدن حق، با پیامبر مخالفت کند و از راهی جز راه مؤمنان پیروی نماید، ما او را به همان راه که می‌رود می‌بریم؛ و به دوزخ داخل می‌کنیم؛ و جایگاه بدی دارد. (ق ۴:۱۱۵)

آنچه را خداوند از اهل این آبادی‌ها به رسولش بازگرداند، از آن خدا و رسول و خویشاوندان او و یتیمان و مستمندان و در راه ماندگان است تا (این اموال عظیم) در میان ثروتمندان شما دست به دست نگردد! آنچه را رسول خدا برای شما آورده بگیرید (و اجرا کنید) و از آنچه نهی کرده خودداری نمایید؛ و از (مخالفت) خدا بپرهیزید که خداوند کیفرش شدید است! (ق ۵۹:۷)

قرآن حتی فرمان داده است که مسلمانان با هرکسی که محمد را انکار می‌کند، بجنگند:

با کسانی از اهل کتاب که نه به خدا و نه به روز جزا ایمان‌دارند و نه آنچه را خدا و رسولش تحریم کرده حرام می‌شمارند و نه آیین حق را می‌پذیرند، پیکار کنید تا زمانی که با خضوع و تسلیم، جزیه را به دست خود بپردازند! (ق ۹:۲۹)

و (به یاد آر) موقعی را که پروردگارت به فرشتگان وحی کرد: من با شما هستم؛ کسانی را که ایمان آورده‌اند، ثابت‌قدم دارید! به‌زودی در دلهای کافران ترس و وحشت می‌افکنم؛ ضربه‌ها را بر بالاتر از گردن (بر سرهای دشمنان) فرود آرید! و همه انگشتانشان را قطع کنید! این کیفر کافران برای آن است که با خدا و رسول او سخت ضدّیت و مخالفت کردند و هر کس با خدا و رسول او راه شقاق و مخالفت بپیماید (بترسد که) عقاب خدا بسیار سخت است. (ق ۸:۱۲ و ۱۳)

ولی آیا الگو و فرامین محمد سزاوار پیروی کردن است؟ با اینکه بسیاری از جنبه‌های زندگی محمد مثبت و برخی حتی قابل‌ستایش هستند، اما عمدهٔ کارهایی که محمد انجام داده در هر الگوی اخلاقی مردود است. بسیاری از اعمال سیره و حدیث‌های محمد تعجب آور هستند، این اعمال شامل قتل، شکنجه، تجاوز و سوءاستفاده از زنان، برده‌داری، دزدی، فریب و فتنه‌انگیزی علیه غیر مسلمانان می‌باشد.

چنین حقایقی نه‌تنها شواهدی وحشت‌آور دربارهٔ شخصیت محمد محسوب می‌شوند؛ بلکه به‌عنوان احکام اسلام برای مسلمانان دیگر نیز الگویی کاربردی هستند. الگوی محمد به‌واسطهٔ فرمان اللّه در قرآنْ بهترین نمونه برای مسلمانان است، پس پیروی از تمام زندگی محمدْ حتی وقایع بد و اعمال پلید او، به الگو و معیار زندگی مسلمانان تبدیل می‌شود.

قرآن - متن شخصی محمد

مسلمانان متعهد، باور دارند که قرآنْ وحی کامل و دقیق دستورات اللّه برای تمام انسان‌ها است، که به‌واسطهٔ پیامبرش محمد به دست بشریت رسیده. اگر پیامبر اسلام را بپذیرید، باید پیغام او را نیز بپذیرید. پس شهادتین، مسلمانان را ملزم می‌کند به قرآن ایمان داشته و به آن عمل کنند.

نکتهٔ کلیدی که باید دربارهٔ قرآن درک کنید این است که اعتبار محمد و قرآن مثل رابطهٔ ستون فقرات و بدن یکدیگر است. سنت، یعنی تعلیمات محمد، مثل بدن است و قرآنْ ستون فقرات محسوب می‌شود. هیچ‌یک نمی‌تواند بدون دیگری سر پا بایستد و نمی‌توانید یکی را بدون دیگری، درک و تفسیر کنید.

احکام اسلام - راه مسلمان بودن

برای پیروی از الگوی محمد، یک مسلمان باید به قرآن و سنت چشم بدوزد. با این وجود، درک و به‌کارگیری مطالب پیچیده و سخت قرآن، برای اغلب مسلمانان بسیار دشوار است؛ این نکته در قرون نخستین اسلام برای رهبران مذهبی روشن شد که مسلمانان باید به تعدادی انگشت‌شمار از متخصصین دینی تکیه کنند تا این متخصصین دینی، سنت پیامبر و قرآن را برای زندگی مسلمانان به قالبی ساختارمند و احکامی مشخص و واضح تبدیل کنند. پس حقوق‌دانان مسلمان و فقها، بر اساس قرآن و سنت محمد، احکامی را تحت عنوان شریعت، تدوین کردند که مسلمانان بتوانند در راه دین زندگی کنند.

احکام اسلامی را می‌توان به‌عنوان دین محمد شناخت، چراکه دین اسلام، به تعلیمات و الگوی زندگی محمد وابسته است. احکام دین، راه و روش زندگی مسلمانان و جامعهٔ اسلامی را تعیین می‌کند. بدون دین، اسلامی وجود ندارد.

به‌خاطر اینکه سنت محمد پایه‌های احکام دین است، بسیار مهم است آنچه که محمد به انجام رسانده و به زبان آورده است را مطابق هرچه که در احادیث و سیره ثبت شده، بشناسیم. نشناختن محمد، نشناختن احکام اسلام است و ندانستن این حقایق، به معنی بی‌توجهی به حقوق انسانی افرادی است که تحت حکومت اسلام زیست می‌کنند و یا تحت تأثیر اسلام قرار دارند. احکام اسلام، به مسلمانان فرمان می‌دهد که از هرچه محمد انجام داده، پیروی کنند و این نکته، روی زندگی مسلمانان و غیرمسلمانان تأثیر بسزایی دارد. رابطهٔ بین زندگی محمد و مسلمانان امروزی، ممکن است رابطه‌ای مستقیم به نظر نرسد، اما زندگی محمد، همواره در زندگی مسلمانان نقشی مهم و پررنگ داشته و خواهد داشت.

نکتهٔ دیگر که دربارهٔ دین اسلام باید به آن توجه داشته باشیم، این است که در مقایسه با احکام مجلس‌ها و پارلمان‌ها که قوانین‌شان قابل‌تغییر است، مسلمانان فکر می‌کنند احکام اسلام از سوی خداست و تغییرناپذیر؛ بنابراین، ادعا می‌کنند احکام اسلامْ بی‌نقص و غیرقابل تغییر هستند. با این وجود، برخی از احکامْ حوزه‌ها و تبصره‌هایی انعطاف‌پذیر

دارند. شرایط جدید باعث می‌شود فقهای اسلام، بر روش به‌کارگیری احکام دین کار کنند، اما همهٔ این احکام تازه، برمبنای دینی وضع می‌شود که از نظر فقهای اسلام از سوی خدا، بی‌نقص و برای تمامی دوران‌ها ثابت می‌باشد.

در بخش بعدی به این تعلیم اسلام می‌پردازیم که مسلمانان رستگار هستند و بر سایر مردم برتری دارند.

بشتابید به‌سوی رستگاری

بر اساس قرآن، نتیجهٔ دریافت هدایت خدا چیست؟ نتیجه برای کسانی که به اللّه ایمان می‌آورند و احکام او را می‌پذیرند، رستگاری در این جهان و آخرت خواهد بود. فراخوان اسلام، فراخوان رستگاری است.

این فراخوان در اذان یا فراخوان پرستش اللّه به زبان آورده می‌شود، مسلمانان پنج بار در طول روز با اذان به سمت نماز فراخوانده می‌شوند:

> اللّه از همه‌چیز و همه‌کس برتر است!
> اللّه از همه‌چیز و همه‌کس برتر است!
> گواهی می‌دهم که جز الله، خدایی نیست
> گواهی می‌دهم که جز الله، خدایی نیست
> گواهی می‌دهم که محمّد فرستاده اللّه است.
> گواهی می‌دهم که محمّد فرستاده اللّه است.
> بشتابید به‌سوی نماز. بشتابید به‌سوی نماز.
> بشتابید به‌سوی رستگاری. بشتابید به‌سوی رستگاری
> اللّه از همه‌چیز و همه‌کس برتر است!
> اللّه از همه‌چیز و همه‌کس برتر است!
> گواهی می‌دهم که جز اللّه، خدایی نیست

قرآن، بر اهمیت رستگاری تأکید زیادی دارد؛ و بشریت را به دو دسته - پیروزمندان و سایر آدمیان - تقسیم می‌کند. کسانی که اللّه و فرامین او را نمی‌پذیرند، بارها و بارها زیانکار خطاب می‌شوند:

> و هر کس جز اسلام (و تسلیم در برابر فرمان حق)، آیینی برای خود انتخاب کند، از او پذیرفته نخواهد شد؛ و او در آخرت، از زیانکاران است. (ق ۳:۸۵)

> به تو و همه پیامبران پیشین وحی‌شده که اگر مشرک شوی، تمام اعمالت تباه می‌شود و از زیانکاران خواهی بود! (ق ۳۹:۶۵)

تأکید اسلام بر رستگاری و شکست، به این معناست که مسلمانان در دین خود تعلیم می‌یابند که بر غیرمسلمانان برتری دارند، همچنین به مسلمانانِ پرهیزکار تعلیم داده می‌شود که از سایر مسلمانان نیکوتر هستند. پس تبعیض، راه اسلام تلقی می‌شود.

دنیایی پر از تفرقه

قرآن در سوره خود نه‌تنها دربارهٔ مسلمانان، بلکه دربارهٔ سایر دین‌داران نظیر مسیحیان و یهودیان سخنان بسیاری گفته است. اصطلاحات شرعی و قانونی اسلام مردم را در ۴ گروه، دسته‌بندی می‌کند:

۱. در ابتدا مسلمانان حقیقی قرار دارند.

۲. گروه دوم ریاکاران هستند که در اصل مسلمانان سرکش تلقی می‌شوند.

۳. اکثریت اعراب قبل از ظهور محمد، مشرک تلقی می‌شدند. کلمهٔ بت‌پرست در زبان عربی «مشرک» می‌باشد و به معنای کسی است که برای خدا شریک قائل می‌شود. جملهٔ «این دسته از مردم، مشرک تلقی می‌شوند» یعنی این عده، بر این باورند که هرچیز یا هرکس می‌تواند مثل اللّه باشد و یا اللّه در قدرت و حکومت با کسی یا چیزی، شریک است.

۴. اهالی کتاب، دستهٔ دیگری از مشرکین هستند، این گروه مسیحیان و یهودیان را شامل می‌شود. آن‌ها باید مشرک محسوب شوند چون قرآن هر دو گروه را مشرک معرفی می‌کند (ق ۹: ۳۰ و ۳۱؛ ق ۳:۶۴).

مفهوم اهل کتاب به این معناست که مسیحیان و یهودیان به اسلام مرتبط هستند و همهٔ تعلیماتشان در اصل از اسلام نشأت گرفته است. مسلمانان در اصل، اسلام را به‌عنوان دین اصلی تصور می‌کنند و معتقدند مسیحیت و یهودیت در طول قرن‌ها از اسلام نشأت گرفته است. بر اساس قرآن، مسیحیان و یهودیان دینی را پیروی می‌کنند که در ابتدا، دینی یکتاپرست و پاک بوده که این دین، به نظر قرآن، همان اسلام است. البته اسلام معتقد است که کتاب مقدس مسیحیان و یهودیان، به‌مرور زمان آلوده و مخدوش شده و تعلیمات آن، دیگر حقیقت محض نیست. به همین شکل، قرآن ادعا می‌کند که مسیحیت و یهودیت از اسلام نشأت گرفته‌اند؛ ولی پیروان این ادیانْ به علت مخدوش شدن کتاب مقدس از مسیر حقیقت، منحرف شده‌اند.

قرآن نظرات مثبت و منفی بسیار دربارهٔ یهودیان و مسیحیان دارد. از سویی می‌گوید: «مسیحیان و یهودیان حقیقتاً به خدای واحد ایمان‌دارند» (ق ۳:۱۱۳ و ۱۱۴)؛ اما با این وجود، همین بخش از قرآن اعلام می‌کند هرکس که حقیقتاً به خدا ایمان‌دارد، مسلمان خواهد شد (ق ۳:۱۱۹).

بر اساس تعلیمات اسلام، مسیحیان و یهودیان نمی‌توانستند تا قبل از آمدن محمد و آوردن قرآن، از جهل خود رها شوند (ق ۱:۹۸). اسلام تعلیم می‌دهد محمد، هدیهٔ خدا به مسیحیان و یهودیان است تا سوءتفاهم‌ها اصلاح شود. معنایش این است که مسیحیان و یهودیان، باید محمد را به‌عنوان فرستادهٔ اللّه و قرآن را به‌عنوان وحی نهایی او بپذیرند و ایمان بیاورند (ق ۴:۴۷، ق ۵:۱۵، ق ۵۷:۲۸ و ۲۹)

در اینجا به ۴ ادعای قرآن و سنت، دربارۀ غیرمسلمانان - بخصوص مسیحیان و یهودیان - پرداخته می‌شود:

۱. مسلمانان بهترین مردم هستند و بر سایر انسان‌ها برتری دارند. وظیفۀ مسلمانان امربه‌معروف و نهی از منکر است تا مردم را به راه راست هدایت کنند. (ق ۳:۱۱۰)

۲. سرنوشت اسلام این است که بر تمامی ادیان حکومت کند. (ق ۴۸:۲۸)

۳. برای دستیابی به این برتری، مسلمانان باید علیه یهودیان و مسیحیان (اهالی کتاب) بجنگند تا زمانی که آن‌ها را شکست دهند و با خوار ساختن آن‌ها، ایشان را مجبور به پرداخت مالیات به جامعۀ اسلامی کنند. (ق ۹:۲۹)

۴. مسیحیان و یهودیانی که به شرک ورزیدن ادامه می‌دهند؛ یعنی به محمد و یکتاپرستی او ایمان نمی‌آورند و در اصل مسلمان نمی‌شوند، به جهنم فرستاده می‌شوند. (ق ۵:۷۲؛ ق ۴:۴۷-۵۶)

با وجود اینکه یهودیان و مسیحیان، تحت عنوان اهل کتاب در یک دسته قرار داده شده‌اند، یهودیان بیشتر مورد انتقاد قرار دارند. در قرآن و سنت، ادعاهای دینی فراوانی علیه یهودیان مطرح می‌شود. به‌عنوان مثال؛ محمد تعلیم داده که در نهایت سنگ‌ها با صدایشان کمک می‌کنند تا مسلمانان بتوانند یهودیان را بکشند و قرآن می‌گوید مسیحیانْ دوستان مسلمانان هستند؛ اما یهودیان و مشرکین، دشمن مسلمانان محسوب می‌شوند (ق ۵:۸۲).

به هر حال، در آخر، حکم نهایی قرآن نسبت به یهودیان و امثال مسیحیان، منفی است. تا جایی که این محکومیت در دعای روزانۀ هر مسلمان پای‌بندی گنجانیده شده است.

جایگاه مسیحیان و یهودیان در دعای روزانۀ مسلمانان

شناخته شده‌ترین بخش (سورۀ) قرآن، فاتحه یا سورۀ آغازین قرآن است. این سوره هر بار در نماز روزانۀ مسلمانان تکرار می‌شود. مسلمانان متعهد که همواره تمام نمازهایشان را به‌جا می‌آورند، حداقل ۱۷ مرتبه در روز و ۵۰۰۰ مرتبه در سال این دعا را می‌خوانند.

سورۀ فاتحه دعایی برای دریافت هدایت است:

به نام خداوند بخشنده بخشایشگر،
ستایش مخصوص خداوندی است که پروردگار جهانیان است.
(خداوندی که) بخشنده و بخشایشگر است (و رحمت عام و خاصش همگان را فراگرفته).
(خداوندی که) مالک روز جزاست.
(پروردگارا!) تنها تو را می‌پرستیم؛ و تنها از تو یاری می‌جوییم
ما را به راه راست هدایت کن...

> راه کسانی که آنان را مشمول نعمت خود ساختی؛ نه کسانی که بر آنان غضب کرده‌ای؛ و نه گمراهان. (ق ۱:۱-۷)

در این دعا، از اللّه می‌خواهند تا آن‌ها را به راه راست هدایت کند؛ یعنی مسلمانان از اللّه یاری می‌جویند که آن‌ها را به سمت پیغام حقیقی اسلام هدایت کند.

اما کسانی که اللّه بر آن‌ها غضب کرده است و یا گمراه شده‌اند چه کسانی هستند؟ کسانی که در نماز روزانه و در زندگی مسلمانان صدها هزار بار باید به این شکل بد از آن‌ها یاد شود چه کسانی هستند؟ محمد در توضیح این سوره گفته است: «کسانی که شامل غضب اللّه شده‌اند یهودیان و گمراهان، یعنی همان مسیحیان هستند.»

باورنکردنی است که نماز همهٔ مسلمانان، شامل رد کردن یهودیان و مسیحیان به‌عنوان گمراهان و افرادی است که مورد غضب اللّه قرار دارند.

در بخش‌های بعدی نگاهی خواهیم داشت به آسیب‌هایی که دین اسلام وارد کرده است. این موارد تماما در راستای نمونه و تعلیم محمد است.

مشکلات دین اسلام

هنگامی که اسلام در کشوری برپا می‌شود، در مدتی طولانی، فرهنگ آن جامعه به‌واسطهٔ دین اسلامْ شکل تازه‌ای به خود می‌گیرد. این روند *اسلام‌سازی* نام دارد. موارد بد زیادی در زندگی و تعلیمات محمد وجود دارد، بنابراین بسیاری از بی‌عدالتی‌ها و مشکلات اجتماعی، به‌واسطهٔ دین اسلام وارد زندگی مردم می‌شود؛ یعنی علی‌رغم اینکه اسلام وعدهٔ رستگاری می‌دهد، جوامعی که به‌واسطهٔ دین اسلام زندگی می‌کنند، اغلب به مردم آسیب می‌زنند. با نظر انداختن به این جهان، می‌بینیم بسیاری از کشورهای اسلامی پیشرفت اندکی داشته‌اند و حقوق بشر، به‌واسطهٔ اسلام در آن‌ها پایمال می‌شود.

برخی از بی‌عدالتی‌ها و مشکلات دین اسلام:

- زنان در جوامع اسلامی از رتبهٔ پایینی برخوردار هستند و به‌واسطهٔ احکام اسلام، مورد انواع سوءاستفاده‌ها قرار می‌گیرند. مثالی را در قالب مورد اَمینا لاوال بررسی خواهیم کرد.
- تعلیم اسلام در راستای جهاد، همواره در جهان باعث درگیری‌ها و آسیب‌های فراوانی برای میلیون‌ها مرد، زن و کودک بوده است.
- مجازات در دین اسلام برای بعضی جرایم، به شدت بی‌رحمانه و شدید است، برای مثال: قطع کردن دست دزدان و کشتن مرتدین به دلیل برگشتن از اسلام.
- دین اسلام نمی‌تواند مردمان را به افرادی نیکو تبدیل کند. هرگاه انقلاب‌های اسلامی رخ دادند و مسلمانان تندرو دولت را به دست گرفته‌اند، فساد بیشتر شده است. ایران در این مورد مثال خوبی است. پس از انقلاب اسلامی سال

۱۹۷۸ هنگامی که شاه برکنار شد، فقهای اسلامی دولت ایران را به دست گرفتند؛ اما علی‌رغم وعده‌هایشان فساد در ایران افزایش پیدا کرد.

- محمد به مسلمانان اجازه داده و حتی آن‌ها را تشویق کرده است تا در برخی شرایط دروغ بگویند. در ادامه، عواقب این امر را بررسی خواهیم کرد.
- به‌خاطر تعلیمات اسلام، در جوامع اسلامی همواره تبعیض‌هایی علیه غیرمسلمانان وجود دارد. امروزه بیشتر جفاهایی مسیحیان متحمل می‌شوند از سوی مسلمانان انجام می‌گیرد.

مورد اَمینا لاوال

به مطالعه دربارهٔ زنی مسلمان می‌پردازیم که جانش به‌واسطهٔ دین اسلام تهدید شد .در سال ۱۹۹۹، دادگاه شرعی اسلامی به استان‌های شمالی کشور نیجریه وارد شدند. سه سال بعد، در سال ۲۰۰۲، اَمینا لاوال به‌خاطر به دنیا آوردن کودکی پس از جدایی از همسرش و طبق نظر قاضی شرعی، حکم سنگسار و مرگ دریافت کرد. امینا نام پدر نوزاد را گفت؛ اما بدون آزمایش دی. ان.ای دادگاه نمی‌توانست اثبات کند که او پدر بچه است، بنابراین آن مرد مجرم شناخته نشد و تنها امینا به‌عنوان یک زن، به اتهام زنا محکوم به سنگسار شد.

قاضی که او را به سنگسار محکوم کرد، دستور داد حکم او نباید اجرا شود تا زمانی که کودک از شیر گرفته شود. این حکم دقیقاً مشابه الگوی محمد است که زنی را بابت اعتراف به زنا به مرگ محکوم کرد؛ اما دستور داد تا زمانی که کودک را از شیر نگرفته‌اند، حکم اجرا نشود.

حکم سنگسار در دین اسلام به چند دلیل بسیار بد و نادرست است:

- این مجازات بیش از حد سنگین است.
- این کار خشن است، مرگ به‌واسطهٔ سنگسار بسیار وحشتناک است.
- اجرای چنین حکمی به مردانی که حکم سنگسار را اجرا می‌کنند هم آسیب می‌زند.
- این حکم با تبعیض همراه است و تنها زنانی که باردار می‌شوند را هدف می‌گیرد و به تقصیر مردانی که باعث باردارشدن زنان می‌شوند توجهی نمی‌کند.
- مادر را از کودک می‌گیرد و باعث یتیم شدن کودک می‌شود.
- در چنین حکمی، احتمال اینکه زن، قربانی تجاوز باشد، نادیده گرفته می‌شود.

مورد امینا باعث خشم بین‌المللی مردم شد. بیش از یک میلیون نامهٔ اعتراضی به سفارت‌خانه‌های نیجریه فرستاده شد. در مورد امینا، خوشبختانه دادگاه تجدید نظر کرد و حکمی که برایش صادرشده بود را باطل کرد. در انجام این کار، دادگاه اسلامی اصل مجازات سنگسار در ارتکاب به زنا را رد نکرد؛ بلکه به‌جای این کار دلیل‌های دیگری ارائه شد: به‌عنوان مثال، اینکه دادگاه تجدیدنظر اعلام کرد به‌جای یک قاضی، باید سه قاضی دادگاه اسلامی حکم امینا را صادر می‌کردند.

فریب یا دروغ حلال

یکی از جنبه‌های مشکل داربودن دین اسلام، تعلیمات آن دربارهٔ دروغ و فریب است. با وجود اینکه باید تأیید کنیم دروغ در اسلام گناهی جدی محسوب می‌شود، اما بر اساس الگو و تعلیمات محمد، شرایطی وجود دارد که دروغ گفتن در آن شرایط برای مقامات اسلامی مجاز است.

شرایط ویژه‌ای وجود دارند که در آن مسلمانان اجازه دارند یا از آن‌ها خواسته شده است دروغ بگویند. به‌عنوان مثال در مجموعهٔ احادیث صحیح بخاری بخشی وجود دارد که در سرفصل آن نوشته شده: «کسی که بین مردم، صلح برقرار می‌کند، دروغ‌گو نیست.» بر اساس این جنبه‌های زندگی محمد، یکی از مواقعی که مسلمانان اجازه دارند دروغ بگویند، زمانی است که دروغ گفتن آن‌ها به مصالحهٔ مردم کمک می‌کند.

یکی دیگر از این مواقع که دروغ حلال است، زمانی است که جان مسلمانان به‌خاطر غیرمسلمانان درخطر باشد. (ق ۳:۲۸) مفهوم تقیه از همین آیه گرفته شده است و معنی آن، دروغ و فریب برای حفظ و امنیت جان مسلمین است. توافق نظر فقهای اسلام این است که هرگاه مسلمانان، در جامعه‌ای غیرمسلمان زندگی می‌کنند، اجازه دارند به‌عنوان اقدامی حفاظتی، نسبت به غیرمسلمانان مهربانانه و دوستانه رفتار کنند تا جایی که ایمان خود را حفظ کنند و در دل با غیرمسلمانان دشمن بمانند. یکی از موارد مشهود این اصل را زمانی می‌توان یافت که رفتارهای مسلمانان در هنگام به قدرت رسیدن، نسبت به غیرمسلمانان غیر دوستانه می‌شود و دیگر باورهای خود را مخفی نگاه نمی‌دارند.

شرایط دیگری که دین اسلام به مسلمانان اجازه می‌دهد دروغ بگویند، شامل این مورد است: هنگامی که دروغ‌گویی بین زن و شوهر باعث تداوم همبستگی می‌شود، هنگام حل اختلافات یا هنگامی که حقیقت ممکن است باعث شود مجرم جلوه کنید. محمد گاهی اوقات افرادی را که به جرمشان اعتراف می‌کردند ملامت می‌کرد، همچنین هنگامی که کسی رازی را به شما سپرده است و در مسائل مرتبط به جنگ نیز دروغ مجاز است. عموماً هنگامی که نتیجه به نفع مسلمین باشد، اسلام دروغ‌گویی را اخلاقی تلقی می‌کند.

برخی فقهای اسلام بین دروغ‌ها تفاوت قائل می‌شوند، به‌عنوان مثال؛ ارائهٔ پاسخ گمراه کننده، نسبت به دروغ مستقیم، ترجیح داده می‌شود. با اعتقاد به اصل سودمند گرایی - اخلاقیات دین اسلام در زمینهٔ دروغ‌گویی و راست‌گویی، می‌تواند آسیب‌های زیادی به جامعه وارد کند. این موضوع، اعتماد را نابود می‌کند و باعث سردرگمی می‌شود؛ در نتیجه،

فرهنگ سیاسی و اجتماعی جامعه آسیب می‌بیند. امت اسلامی یعنی جامعهٔ مسلمانان، به‌خاطر همین موضوع جامعه‌ای آسیب دیده محسوب می‌شود. به‌عنوان مثال اگر مطابق تعلیم محمد، شوهران طبق عادت برای حل اختلافات به همسرشان دروغ بگویند، اعتماد در ازدواج از بین می‌رود. اگر فرزندان ببینند پدرشان به‌راحتی به مادرشان دروغ می‌گوید، به خودشان اجازه می‌دهند به دیگران دروغ بگویند و اعتماد به سایرین برای آن‌ها دشوار می‌شود. فرهنگی که دروغ در آن حلال و مجاز است، باعث می‌شود اعتماد در کل جامعه از بین برود. می‌توان چنین تعبیر کرد و مثال زد که مبادلات تجاری هزینهٔ بیشتری می‌برد، اختلافات تداوم بیشتری خواهد داشت و مصالحه، دشوارتر خواهد شد.

هنگامی که کسی اسلام را ترک می‌کند، بایستی به شکلی عامدانه، این بخش از الگوها و تعلیمات محمد را انکار و ترک کند. در فصل ۷ مجدداً به این موضوع پرداخته خواهد شد.

خودتان بیندیشید

به‌خاطر روشی که حکمت و دانش در اسلام سازمان‌دهی و محافظت می‌شود، شناخت تعلیمات اسلام در مورد موضوعات خاصْ می‌تواند سخت باشد. فرهنگ دروغ‌گویی هم این مشکل را پیچیده‌تر می‌کند.

منابع اصلی اسلام، طویل و پیچیده هستند و روند استخراج احکام اسلامی از قرآن و سنت محمد، به مهارت ویژه‌ای نیاز دارد و مستلزم سال‌ها تعلیم است؛ اکثریت مسلمانان هم نمی‌توانند این تعلیمات را دریافت کنند. معنایش این است که مسلمانان، باید برای هدایت دینی در زمینهٔ اسلام، به فقها و عالمان اسلام تکیه کنند. اسلام به مسلمانان توصیه می‌کند تا در زمینهٔ مسائل دینی به دنبال شخصی حکیم‌تر از خودشان باشند و او را پیروی کنند. اگر مسلمانان راجع‌به احکام اسلام، پرسشی داشته باشند، باید از کسی بپرسند که درزمینهٔ اسلام از تخصص بیشتری برخوردار است.

حکمت و تعلیمات اسلامی مثل تعلیمات مسیحی در سال‌های اخیر، همگانی سازی نشده است. بنابراین، تعلیمات اسلام بر اساس نیاز در اختیار مسلمین قرار داده می‌شود. در اسلام، راجع‌به مواردی که نیازی به آن‌ها نیست و ممکن است اسلام را بد جلوه دهد، بحث و گفت‌وگو نمی‌شود. بسیاری از مسلمانان، هنگامی که از معلمین اسلام سؤالاتی اشتباه یا نادرست پرسیده‌اند، مورد توبیخ قرار گرفته‌اند.

هیچ‌کس نباید با این نظر که «کسی حق ندارد نظرش را دربارهٔ اسلام، قرآن و یا سنت محمد اعلام کند» بترسد یا هراسان شود. در این روزگار که منابع اصلی در این موارد به‌راحتی در اختیار مردم قرار دارد؛ همگان اعم از مسیحیان، یهودیان، خدا ناباوران و مسلمانان باید از هر فرصتی برای آموختن دربارهٔ ادیان و اعلام عقاید خود دربارهٔ باورهایشان استفاده کنند. هرکس که تحت تأثیر اسلام قرار گرفته است، حق دارد دربارهٔ اسلام بیاموزد و نظرات شخصی خود را دربارهٔ دین اسلام داشته باشد.

در این بخش، راجع‌به باور اسلام دربارهٔ مسیح سخن می‌گوییم و توضیح می‌دهیم چرا مسیح، در باور اسلامی نمی‌تواند برای انسان‌ها آزادی به ارمغان بیاورد.

عیسی، پیغمبر اسلامی

اهالی ایمان باید تصمیم مهمی بگیرند؛ آیا از عیسای ناصری پیروی خواهند کرد یا از محمد (مکی) اهل مکّه؟ این یک انتخاب بسیار مهم است و تأثیرات عظیمی بر زندگی اشخاص و حتی ملت‌ها می‌گذارد.

مشخص است که مسلمانان عیسای مسیح را همچون محمد، یکی از پیامبران اللّه می‌دانند. اسلام تعلیم می‌دهد که عیسی، به شکلی معجزه‌آسا از مریم باکره متولد شد، بنابراین او را گاهی عیسی بن مریم یا پسر مریم خطاب می‌کنند. قرآن همچنین عیسی را عیسای مسیح خطاب می‌کند، اما توضیحی دربارهٔ این لقب ارائه نشده است.

قرآن ۲۰ مرتبه از عیسای مسیح نام برده است؛ در حالی که نام محمد تنها چهار مرتبه در قرآن ذکرشده، به‌علاوه قرآن ۹۳ مرتبه با القاب مختلف به عیسای مسیح اشاره می‌کند.

اسلام تعلیم می‌دهد که قبل از محمد، اللّه پیامبران زیادی را فرستاده است. قرآن تأکید می‌کند که تمام این پیامبران به انضمام عیسای مسیح همگی صرفاً انسان بوده‌اند.

قرآن ادعا می‌کند که تمام این پیامبران پیغامی از محمد آورده‌اند؛ منظور پیغام اسلام است. به‌عنوان مثال، قرآن ادعا می‌کند دستور و وعدهٔ جنگ و کشتار و وعدهٔ بهشت به مؤمنانی که در راه اسلام کشته می‌شوند؛ در گذشته به عیسی و موسی داده شده (ق ۹:۱۱۱). مسلماً در ادامهٔ تاریخ، همین وعده از زبان محمد اعلام شد. البته می‌دانیم که عیسای ناصری هرگز چنین وعده و تعلیمی را بیان نکرده است.

شاگردان عیسی در قرآن، اعلام می‌کنند که مسلمان هستند (ق ۳:۵۲؛ و ق ۵:۱۱۱ را مشاهده کنید). قرآن اعلام می‌کند ابراهیم یهودی یا مسیحی نبوده؛ بلکه مسلمان بود (ق ۳:۶۷). قرآن ادعا می‌کند بسیاری از شخصیت‌های کتاب مقدس مثل ابراهیم، اسحاق، یعقوب، اسماعیل، موسی، هارون، داوود، سلیمان، ایوب، یونس و یحیی تعمید دهنده همگی انبیای اسلام بوده‌اند.

اسلام اعلام می‌کند، دینی که توسط این پیامبران اسلام آورده شده دقیقاً مانند دین محمد نیست. البته اسلام ادعا می‌کند هنگامی که محمد آمد، احکام و دین گذشتگان باطل و جایگزین شد؛ پس هنگامی که مسیح بازگردد با دین محمد، حکومت خواهد کرد.

> از آنجا که با آمدن تعلیمات محمد، شریعت تمام پیامبران پیشین باطل‌شده است، بنابراین مسیح همگان را بر اساس احکام اسلام داوری خواهد کرد.[5]

---

۵ صحیح مسلم جلد دوم صفحهٔ ۱۱۱ بند ۲۸۸

قرآن همچنین ادعا می‌کند اللّه به عیسی، کتابی به نام انجیل داد، دقیقاً همان‌طوری که محمد، قرآن را از اللّه دریافت کرده است. اسلام ادعا می‌کند پیغام انجیل با پیغام قرآن یکی است؛ البته ادعا می‌شود که متن اصلی انجیل از دست رفته است. مسلمانان معتقدند که اناجیل کتاب مقدس، نسخه‌هایی تحریف‌شده از انجیل حقیقی هستند. با این‌وجود، ادعا می‌شود این تحریف‌ها اهمیتی ندارند؛ چراکه اللّه محمد را فرستاد تا کلام آخر و حجت کامل را به بشر اعلام کند.

در اصل آنچه اسلام تعلیم می‌دهد و مسلمانان به آن عقیده دارند این است که اگر مسیح امروز زنده بود به مسیحیان می‌گفت: «محمد را پیروی کنید!» معنایش این است که اگر کسی قصد دارد تعالیم مسیح را فهمیده و آن را پیروی کند، بایستی محمد را پیروی کند و تسلیم اسلام شود. قرآن تعلیم می‌دهد که یک مسیحی یا یهودی نیکو درک می‌کند که محمد پیغمبر حقیقی اللّه است (ق ۳:۱۹۹).

قرآن به مسیحیان هشدار می‌دهد که نباید عیسی را پسر خدا خطاب کنند یا او را به‌عنوان خداوند بپرستند. در قرآن تأکید شده است که عیسی انسان (ق ۳:۵۹) و بندهٔ اللّه بوده است (ق ۱۹:۳۰).

این تعلیمات دربارهٔ دوران پایان عالم به ما کمک می‌کند دیدگاه اسلام را درک کنیم. حدیثی را در نظر بگیرید که از «سنن ابی داود» نقل قول می‌کنیم:

> هنگامی که عیسی بازگردد، برای پیروزی اسلام با مخالفین می‌جنگد. او صلیب را می‌شکند، خوک‌ها را می‌کشد و جزیه را لغو می‌کند. اللّه کاری می‌کند تمام ادیان به جز اسلام نابود شوند. او ضد مسیح را نابود می‌کند و ۴۰ سال در زمین زندگی می‌کند و سپس می‌میرد.

محمد در اینجا گفته است هنگامی که مسیح بازگردد صلیب را می‌شکند؛ یعنی مسیحیت را نابود و جزیه را لغو می‌کند؛ یعنی مسلمین دیگر مسیحیان را تحمل نخواهند کرد. معنایش این است که مسیحیان دیگر نمی‌توانند برای حفظ دینشان به مسلمانان خراج بپردازند. عالمان اسلام این حدیث را تفسیر کرده و می‌گویند هنگامی که مسیح، یعنی عیسای مسلمان بازگردد، تمام غیر مسلمانان که شامل مسیحیان هستند را ملزم می‌کند تا به اسلام ایمان بیاورند.

پیروی از عیسای ناصری حقیقی

کمی قبل گفتیم مردم باید تصمیم بگیرند بین عیسی یا محمد، چه کسی را پیروی خواهند کرد. با این وجود، به مسلمانان تعلیم داده می‌شود که این دو انتخاب هر دو یکی هستند. به مسلمانان تعلیم داده می‌شود که پیروی و محبت کردن به محمد به معنی پیروی و محبت به عیسای مسیح است. مسلمانان، مسیح حقیقی و تاریخی انجیل را با یک عیسای دروغین در قرآن، جایگزین کرده‌اند. این تغییر هویت دروغین در اسلام مانند مانعی‌است تا مسلمانان نتوانند مسیح حقیقی و نقشه و ارادهٔ خدا را بیابند.

حقیقت این است که عیسای مسیح حقیقی را در تاریخ، می‌توانیم از طریق اناجیل بشناسیم، اناجیل بر اساس خاطرات زندهٔ حیات مسیح نوشته شده‌اند. اناجیل حقایق قابل اعتمادی دربارهٔ زندگی، پیغام و خدمت عیسای مسیح را بیان می‌کنند. تعلیمات اسلام ۶۰۰ سال بعد از مسیح نوشته‌شده‌اند و نمی‌تواند دربارهٔ عیسای ناصری قابل‌اعتماد باشند.

هنگامی که کسی اسلام را رد می‌کند، بایستی نه‌تنها الگو و تعلیمات محمد؛ بلکه عیسای دروغین قرآن را نیز انکار کند. همان‌طور که لوقا می‌گوید: «بهترین و حقیقی‌ترین روش برای پیروی از عیسای مسیح این است که از تعلیمات او در اناجیل بهره گیریم که شاگردان مسیح برای ما به رشتهٔ تحریر در آورده‌اند **تا از درستی آنچه آموخته‌اید، یقین پیدا کنید.**» (لوقا ۱:۴)

این نکته، فوق‌العاده مهم است؛ چون همان‌طور که خواهیم آموخت، کلید رهایی از بندهای اسارت روحانی، در زندگی و مرگ و رستاخیز عیسای مسیح است. تنها عیسای ناصری، یعنی مسیح اناجیل است که می‌تواند برای ما رهایی به ارمغان آورد.

۴

محمد و طردشدگی

دشمنان خود را محبت نمایید و به آنان که از شما نفرت دارند، نیکی کنید.

لوقا ۶:۲۷

محمد ریشه و بدنهٔ اسلام است. در این فصل، تجارب دردناک محمد و پاسخ‌های زیان‌بار او را به سختی‌های زندگی‌اش، بررسی خواهیم کرد. در بخش اول، شرایط سخت خانوادگی محمد و مشکلات دیگری را در نظر می‌گیریم که او، در مکه تجربه کرد.

خانوادهٔ محمد

محمد در سال ۵۷۰ پس از میلاد، در قبیلهٔ قریش در مکه به دنیا آمد. پدر او، عبدالله بن عبدالمطلب، قبل از تولد محمد مرده بود. در نتیجه، سرپرستی محمد در ابتدای زندگی‌اش به خانوادهٔ دیگری سپرده شد. محمد شش سال سن داشت که مادرش مرد و پدربزرگ قدرتمند محمد، برای مدتی سرپرستی او را به عهده گرفت. محمد در سن ۸ سالگی، پدربزرگ خود را نیز از دست داد و رفت تا با عموی خویش - ابوطالب - زندگی کند، در آنجا وظیفهٔ محقر نگهداری از شترها و گوسفندان ابوطالب به محمد سپرده شد. بعدها محمد ادعا کرد که همهٔ فرستادگان خدا، چوپان بودند و سعی کرد گذشتهٔ حقیر خویش را به یک ویژگی خاص و منحصربه‌فرد تبدیل کند.

علی‌رغم اینکه برخی از عموهای محمد ثروتمند بودند، به نظر می‌رسد به محمد کمکی نکردند. قرآن دشمنی محمد نسبت به یکی از عموهایش به نام ابولهب یا پدر شعله‌ها را نشان می‌دهد و می‌گوید او به دلیل دشمنی با محمد، در آتش جهنم خواهد سوخت:

بریده باد هر دو دست ابولهب (و مرگ بر او باد)!
هرگز مال و ثروتش و آنچه را به دست آورد به حالش سودی نبخشید!
و به‌زودی وارد آتشی شعله‌ور و پر لهیب می‌شود؛
و (نیز) همسرش، در حالی که هیزم کش (دوزخ) است،
و در گردنش طنابی است از لیف خرما! (ق ۱۱۱)

ازدواج و خانواده

محمد بیست‌وپنج سال داشت و برای زنی ثروتمند به نام «خدیجه» کار می‌کرد. آن زن به او پیشنهاد ازدواج داد؛ البته سن خدیجه از محمد بیشتر بود. بر اساس سنت اسلامی و طبق نظر ابن کثیر، خدیجه می‌ترسید پدرش با ازدواج آن‌ها مخالفت کند؛ بنابراین، هنگامی که پدرش مست بود از او اجازهٔ ازدواج با محمد را درخواست کرد. هنگامی که پدر خدیجه به حال طبیعی بازگشت، از اتفاقی که افتاده بود به‌شدت خشمگین شد.

در فرهنگ عربستان، یک مرد برای ازدواج باید بهای زن را می‌پرداخت و آن زن جزو اموال مرد محسوب می‌شد. اگر شوهر آن زن می‌مرد، آن زن به وارث مذکر مرد سپرده می‌شد و اگر وارث مذکر مایل بود، می‌توانست با آن بیوه ازدواج کند. در تقابل با این عقاید، خدیجه زنی قدرتمند و ثروتمند بود؛ به‌نحوی که ابن اسحاق، راوی زندگی محمد، از خدیجه به‌عنوان زنی آبرومند و ثروتمند یاد می‌کند؛ در حالی که محمد، مردی فقیر بود و دارایی زیادی نداشت. خدیجه قبل از محمد، دو بار ازدواج کرده بود. تفاوت بین باور فرهنگی اعراب آن دوران و نحوهٔ ازدواج خدیجه و محمد شگفت‌انگیز است.

خدیجه و محمد شش (بر اساس برخی روایت‌ها هفت) فرزند داشتند. درمجموع محمد سه یا چهار پسر داشت، اما همهٔ آن‌ها در جوانی مردند؛ در نتیجه محمدْ وارث مذکر نداشت. مسلماً این موضوع هم یک ناامیدی به زندگی خانوادگی محمد اضافه کرد.

از این‌رو می‌توان گفت جنبه‌های دردناک زیادی در زندگی خانوادگی محمد وجود داشت. به‌عنوان مثال، او یک یتیم بود و حتی پدربزرگ خود را از دست داد، یک بار و عضو فقیر برای خویشاندانش محسوب می‌شد. پدر زنش، در حالت مستی به او و خدیجه اجازهٔ ازدواج داد و فرزندانش نیز از دست رفتند؛ پس محمد، مورد خصومت اقوام قدرتمند خود قرار گرفت. بزرگ‌ترین استثناء در این روند طردشدگی و ناامیدی، محبت ابوطالب به محمد و تصمیم خدیجه برای ازدواج با وی بود که در اصل، او را از فقر نجات داد.

دین تازه‌ای پایه‌گذاری می‌شود (مکه)

محمد شرایط خانوادگی سختی داشت و هنگامی که دین تازه‌ای را پایه‌گذاری کرد، این تجربیات دشوار ادامه پیدا کردند.

هنگامی که محمد حدود چهل ساله بود، روحی به ملاقاتش می‌آمد که بعداً او را، به‌عنوان جبرائیلِ فرشته معرفی کرد. محمد در ابتدا از این ملاقات‌ها می‌ترسید و فکر می‌کرد ارواح پلید، اوَ را تسخیر کرده‌اند. محمد حتی به خودکشی فکر کرده و می‌گفت: «بالای کوه می‌روم و خود را پایین می‌اندازم تا بتوانم به آرامش برسم...» همسرش خدیجه، در هنگام تجربهٔ این اضطراب وی را تسکین‌خاطر می‌داد و او را نزد «ورقه» عموزادهٔ خود برد که یک مسیحی بود. ورقه اعلام کرد محمد نه‌تنها دیوانه نیست؛ بلکه یک پیغمبر است.

بعداً هنگامی که برای مدتی این وحی و الهامات متوقف شد، محمد دوباره به فکر خودکشی افتاد؛ اما هر بار که می‌خواست خودش را از کوه پایین بیندازد، جبرائیل ظاهر می‌شد، به وی اطمینان‌خاطر بخشیده و می‌گفت: «دین جدیدی را پایه‌گذاری کن محمد! تو حقیقتاً فرستادهٔ اللّه هستی!»

به نظر می‌رسد محمد می‌ترسید که او را به‌عنوان یک دروغ‌گو طرد کنند، چراکه اللّه در یکی از سوره‌های اولیه قرآن، به او اطمینان می‌بخشد و می‌گوید هرگز محمد را ترک نخواهد کرد. (ق ۹۳)

در ابتدا رشد جامعهٔ مسلمانان کند بود. خدیجه اولین کسی بود که ایمان آورد. نفر دوم عموزادهٔ محمد، علی ابن ابوطالب بود که در خانهٔ محمد رشد کرده بود. فقرا، اسرا و بردگانی که آزاد شده بودند، پیروان محمد را تشکیل می‌دادند.

طایفهٔ محمد

در ابتدا، دین تازهٔ محمد نزد پیروانش مخفی نگاه داشته می‌شد، اما پس از سه سال محمد ادعا کرد اللّه به او فرمان داده که دینش را علنی کند. او به اجلاسی خانوادگی رفت و با فاش کردن دینش، سایر اعضای خانواده خود را به اسلام دعوت کرد.

در ابتدا طایفهٔ قریش در مکه، حاضر به شنیدن سخنان محمد شدند؛ اما محمد به خدایان قریش حمله کرد. ابن اسحاق می‌نویسد پس از این رویداد، مسلمانان به اقلیتی منفور تبدیل شدند. تنش‌ها افزایش پیدا کرده و طرفین با هم درگیر شدند.

مخالفت‌ها بالا گرفته بود، اما عموی محمد، ابوطالب، از او محافظت می‌کرد. هنگامی که مردم مکه می‌گفتند: «ابوطالب! برادرزادهٔ تو خدایان ما را لعنت می‌کند و به دینمان بی‌احترامی کرده است و روش زندگی ما را به سخره می‌گیرد... یا باید مانع او بشوی یا باید اجازه دهی ما این کار را انجام دهیم... .» ابوطالب با ملایمت به آن‌ها پاسخ می‌داد تا به محمد آسیبی نرسد.

اعرابی که به اسلام ایمان نیاورده بودند، محمد و پیروانش را به لحاظ اجتماعی و اقتصادی تحریم کرده و اجازه نمی‌دادند کسی با آن‌ها تجارت و ازدواج کند. مسلمانان به‌خاطر فقر، ضعیف بودند. ابن اسحاق خلاصه‌ای از رفتار قریش را با مسلمانان، به این شرح ارائه کرده است:

> سپس قبیلهٔ قریش دشمنی خود را علیه محمد نشان دادند، هر طایفه‌ای که در آن‌ها مسلمانی وجود داشت مورد حملهٔ ایشان قرار گرفت. قبیلهٔ قریش، آن‌ها را به زندان انداخته، شکنجه کرده و بدیشان آب و خوراک نمی‌دادند؛ همچنین، مسلمانان را در گرمای سوزان مکه نگاه می‌داشتند تا از دین خود دست بکشند. برخی زیر آزارها از

اسلام دست کشیدند و سایرین، ایستادگی کردند؛ چراکه خدا از آن‌ها محافظت می‌کرد.»[۶]

محمد هم از این خطرات و توهین‌ها در امان نبود؛ هنگامی که دعا می‌کرد، گِل و امعاء و احشای حیوانات را به سمت او پرت می‌کردند.

در تداوم آزارها ۸۳ مرد مسلمان، به همراه خانواده‌هایشان به سرزمین حبشه پناه بردند.

در بخش بعدی راجع‌به عکس‌العمل محمد به طرد شدن توسط طایفهٔ خود در مکه می‌پردازیم.

نداشتن اعتمادبه‌نفس و خود را معتبر دانستن

در یک نقطه به نظر می‌رسد زیر فشار طایفهٔ قریش، محمد در باور خود به خدای واحد دچار لغزش شد. به او گفتند اگر محمد خدایان قریش را بپرستد آن‌ها هم اللّه را خواهند پرستید. محمد این پیشنهاد را نپذیرفت و سورهٔ ۱۰۹ آیه ۶ را اعلام کرد: «(حال که چنین است) دین شما برای خودتان، و دین من برای خودم!» با این وجود احتمالاً محمد تعلل کرده است، چراکه تاریخ طبری می‌نویسد وقتی او سورهٔ ۵۳ را دریافت می‌کرد، در آن آیاتی بدو «وحی» شده که به‌عنوان آیات شیطانی شناخته می‌شوند؛ در این آیات دربارهٔ غرانیق (الهه‌هایی در مکه) به نام‌های: بت لات (اللات)، عزی (العزی) و منات (المنات) سخن گفته شده؛ این آیه بدین شرح است: «آن‌ها بتان بزرگ‌اند، همانا شفاعت آن‌ها پذیرفته است.»

طایفهٔ قریش که مسلمان نبودند هنگامی که این آیه را شنیدند، شادمان شدند و با مسلمانان به پرستش اللّه پرداختند. با این وجود، جبرائیل محمد را توبیخ کرد؛ بنابراین محمد اعلام کرد که این آیات باطل هستند و از سوی شیطان در دهان او قرار داده شده‌اند. هنگامی که محمد اعلام کرد که این آیات باطل هستند، قبیلهٔ قریش بیش از پیش او را مسخره نمودند و دشمنی علیه محمد و پیروانش شدت گرفت.

بعد از این، محمد آیه‌ای را به زبان آورد که اعلام می‌کرد تمام انبیای پیش از او توسط شیطان گمراه شده‌اند (ق ۵۲:۲۲). در اینجا هم می‌بینیم که محمد به‌جای شرمندگی، از آنچه اتفاق افتاده بود در راستای معتبر و منحصربه‌فرد جلوه دادن خود، استفاده می‌کند.

در مقابله با تحقیر و تهمت‌هایی که به او به‌عنوان یک پیامبر دروغین زده می‌شد - امری که به‌شدت محمد را آزرده خاطر هم می‌کرد - او اعلام نمود آیاتی از اللّه دریافت کرده است که حقانیت او را تأیید و شخصیت او را به‌عنوان یک شخصیت برجسته معرفی می‌نماید. قرآن می‌گوید او منحرف یا گمراه نشده و مجنون نیست (ق ۵۳:۱-۳؛ ق ۶۸:۱-۴).

---

۶ آ.گیوم، زندگی‌نامهٔ محمد صفحهٔ ۱۴۳

حدیث‌های گوناگونی نشان می‌دهند که محمد باور کرده بود به لحاظ قومی، نژادی و نسلی از سایرین برتر است. او در پاسخ به تهمت‌های سایرین مبنی‌بر بی‌اعتبار بودنش اعلام می‌کرد تمام نوادگان او تا آدم در عقد شرعی و قانونی متولد شدند. در حدیثی که ابن کثیر نقل کرده است محمد اعلام می‌کند که او بهترین مرد از بهترین قبیله عرب (هاشمی) و بهترین ملت (عرب) است. محمد گفت: «من برگزیدهٔ برگزیدگان هستم، پس هر کس اعراب را دوست داشته باشد از روی محبت به من است که آن‌ها را دوست دارد.»

در طول ۱۳ سال رسالت محمد در مکه، مفهوم اسلامی رستگاری، و زبان پیروزی و شکست خوردن در قرآن شکل گرفت. به‌عنوان مثال قرآن در اشارهٔ مکرر به درگیری بین موسی و کافران مصری، نتیجه را در قالب رستگاری و سرکشی یا کسانی که شکست خواهند خورد اعلام می‌کند (به‌عنوان مثال؛ ق ۲۰:۶۴ و ۶۸؛ ق ۲۶:۴۰-۴۴ را مشاهده کنید). محمد همچنین در چالش با مخالفین خود شروع به استفاده از واژگانی کرد که هر کس مکاشفهٔ الله را رد و تکذیب کند جزء زیانکاران خواهند بود (ق ۱۰:۹۵).

طرد شدن بیشتر محمد و هم پیمانان تازه

شرایط برای محمد در مکه سخت بود، او در طول یک سال همسر خود خدیجه و همچنین عمویش ابوطالب را از دست داد. این اتفاقات برای محمد ضربه‌های سختی محسوب می‌شدند. بدون حمایت و حفاظت آنها، قبیلهٔ قریش شجاع شده بودند و بیشتر با محمد و دین او به دشمنی می‌پرداختند.

جامعهٔ اعراب بر اساس پیمان و روابط بنا شده بود. راه داشتنِ امنیت، قرار گرفتن زیر چتر حمایتِ شخصی قدرتمندتر بود. ازآنجایی‌که قبیلهٔ محمد اوَ را طرد کرده بودند و خطرات برای او و پیروانش روز به روز بیشتر می‌شد، محمد به طائف، محلی در نزدیکی مکه سفر کرد تا حامیان دیگری بیابد. با این وجود، مردم طائف هم او را مسخره و طرد و بیرون کردند.

سنت اسلام می‌گوید در راه بازگشت از طائف، گروهی از جن‌ها (دیوها) شنیدند که محمد در نیمه شب، هنگامی که به دعا مشغول بود، آیاتی از قرآن را به زبان آورد. آن‌ها چنان شگفت‌زده شدند که فی‌الفور به اسلام ایمان آوردند. سپس این جن‌های مسلمان، رفتند تا اسلام را برای سایر جن‌ها موعظه کنند. در قرآن دومرتبه به این اتفاق اشاره شده است (ق ۴۶ آیات ۲۹ تا ۳۲. ق ۷۲ آیات ۱ - ۱۵).

این اتفاق از دو جهت اهمیت دارد. اولاً؛ این اتفاق با الگوی همیشگی اعتباربخشیدن به خود در محمد مطابقت دارد. او اعلام کرد با وجود اینکه مردم طائف او را نپذیرفتند؛ جن‌هایی وجود دارند که می‌پذیرند گفته‌های او حقیقت دارد و او فرستادهٔ الله است.

ثانیاً: این دیدگاه که جن‌ها می‌توانند مسلمانانی خداترس باشند، راهی را برای مسلمانان به‌سوی دنیای تاریکی و ارواح پلید (دیوها) باز کرده است. این اتفاق در زندگی محمد و اشاره به جن‌های مسلمان، راهی برای مسلمین ایجاد کرد تا تلاش کنند با دنیای ارواح

ارتباط برقرار کنند. دلیل دیگری که باعث می‌شود مسلمانان بخواهند با دنیای ارواح ارتباط برقرار کنند، اشارهٔ قرآن و احادیث به این نکته است که هرکسی قرین یا همدمی روحانی دارد (ق ۴۳:۳۶؛ ۵۰:۲۳و۲۷).

پس از بازگشت به مکه، شرایط به‌هیچ‌عنوان برای محمد مطلوب نبود. با این وجود، او نهایتاً توانست جامعه‌ای را پیدا کند که حاضر بودند از محمد محافظت کنند. آن‌ها اعراب یثرب بودند که بعداً مدینه نامیده شدند. یهودیان زیادی در آن شهر زندگی می‌کردند. در نشست سالیانه‌ای که در شهر مکه برگزار می‌شد، عده‌ای از میهمانان که از مدینه آمده بودند، با محمد پیمان وفاداری بستند و پذیرفتند که مطابق با پیغام یکتاپرستی او زندگی کنند.

در پیمان نخست، هیچ عهدی مبنی‌بر جنگ بسته نشد. با این وجود، سال دوم، عدهٔ زیادی از مردم مدینه با محمد پیمان بستند و محمد حفاظتی را پیدا کرد که خواستارش بود. این گروه از مردم مدینه، بعدها به‌عنوان انصار یا یاری‌دهندگان شناخته شدند و حاضر بودند با فرمانبرداری کامل از رسول خدا به جنگ بپردازند.

پس از این پیمان، مسلمانان مکه تصمیم گرفتند به‌خاطر امنیت سیاسی، به مدینه مهاجرت کنند. محمد آخرین کسی بود که شبانه از طریق پنجرهٔ پشتی خانه به مدینه گریخت. او در مدینه، آزادانه پیغام خود را اعلام می‌کرد و در سال اول اقامتش در آنجا، تمام اعراب مدینه به اسلام ایمان آوردند. محمد در این زمان ۵۲ ساله بود.

در طول سالیانی که محمد در مکه زندگی می‌کرد خانواده و قوم او، محمد را طرد کرده بودند و تنها عده ای از فقرا به او ایمان آورده بودند. سایر اعراب او را مسخره کرده و در کنار تهدید، او حمله می‌کردند.

محمد در آغاز اعتمادبه‌نفس چندانی نداشت و می‌ترسید که پیغمبری او را نپذیرند. در مقطعی حتی به نظر می‌رسد او حاضر شد خدایان قریش را بپذیرد. با این وجود، در انتها، علی‌رغم تمام مخالفت‌ها محمد با پایداری پیش رفت و پیروانی متعهد به دست آورد.

آیا محمد در مکه واقعاً اهل صلح بود؟

بسیاری از نویسندگان ادعا می‌کنند سال‌های پیامبری محمد در مکه، در صلح سپری شد. از جهتی این دیدگاه صحیح است؛ اما علی‌رغم اینکه در سوره‌های مکی قرآن هیچ فرمانی به خشونت صادر نشده است، مسلماً محمد به راه‌های خشونت‌آمیز فکر می‌کرده؛ در آیات مکی، همسایگان محمد با زبانی وحشتناک توصیف شده‌اند و قرآن، دربارهٔ عذاب‌های وحشتناکی سخن می‌گوید که در انتظار کافران یا کسانی است که دین محمد را نپذیرفتند.

یک از کاربردهای این نوع آیات مکی در قرآن، دادن اعتبار به محمد در برابر پس‌زدن‌های قبیلهٔ قریش بوده است. به‌عنوان مثال قرآن می‌گوید کسانی که مسلمین را مسخره می‌کنند و به آن‌ها می‌خندند، در این جهان و جهان باقی مجازات خواهند شد. مؤمنین روی

تخت‌های زینتی در بهشت خواهند نشست و شراب خواهند نوشید و هنگامی که سوختن بی‌ایمانان را در جهنم می‌بینند، خواهند خندید (ق ۸۳ آیات ۲۹ تا ۳۶).

این پیغام داوری، باعث بالا گرفتن آتش خشم در مکه می‌شد. کافران بت‌پرست از آنچه می‌شنیدند خشنود نبودند.

محمد نه‌تنها موعظه می‌کرد که آن‌ها در عذاب ابدی خواهند بود، بلکه ابن اسحاق نوشته است در همان سال‌های اول دوران اسلام در مکه، محمد انگیزۀ خود را برای کشتار بی‌ایمانان مکه آشکار کرد. محمد به قریش گفت: «ای مردم قریش به من گوش خواهید داد؟ سوگند به آنکه زندگی‌ام در دست او است، شما را به قتل خواهم رسانید.»

سپس، قبل از اینکه محمد به مدینه فرار کند، عده‌ای از قبیلۀ قریش نزدش آمدند و به او این اتهام را وارد کردند که افرادی را که ایمان نمی‌آورند به قتل تهدید کرده است: «محمد شنیده‌ایم می‌گویی کسانی که از تو پیروی نکنند، کشته می‌شوند و در روز قیامت در آتش جهنم خواهند سوخت.» محمد اعتراف کرد و گفت آنچه گفتم حقیقت دارد.

بعد از آزار و راندگی در مکه، امت مسلمان با هدایت پیامبرشان، محمد، تصمیم گرفتند علیه دشمنانشان وارد جنگ شوند.

در این بخش می‌بینیم که محمد چگونه علیه کسانی که او و پیغمبری‌اش را نپذیرفتند، به خشونت رو آورد.

از آزار تا کشتار

شناخت واژۀ عربی فتنه که به معنای آزار است، به ما کمک می‌کند تا درک کنیم به چه دلایلی محمد وسوسه شد تا به یک رهبر نظامی تبدیل شود. این واژه از واژۀ «فتانا» یعنی رویگردان شدن، وسوسه کردن، اغوا کردن یا مورد محاکمه قرار دادن گرفته شده است. معنی اولیۀ آن سنجیدن و خالص‌سازی فلز با آتش است. فتنه می‌تواند به وسوسه یا محاکمه اشاره داشته باشد و همچنین ممکن است معنایی مثبت یا منفی از متقاعد ساختن داشته باشد.

در همین راستا فتنه می‌تواند انگیزه بخشی مالی و یا استفاده از شکنجه را شامل شود. فتنه به مفهومی کلیدی در آموزه‌های دینی امت اسلامی در مواجه با بی‌ایمانان تبدیل شد. محمد، قبیلۀ قریش را متهم می‌ساخت و می‌گفت آن‌ها از فتنه یعنی توهین، تهمت، شکنجه، تحریم، فشارهای اقتصادی و شیوه‌های دیگر استفاده کرده‌اند تا باعث شوند مسلمانان اسلام را رها کنند یا ادعاهای اسلام را آلوده سازند.

اولین آیات قرآن که دربارۀ جنگ آورده شده، نشان می‌دهد که تمام هدف از مبارزه و کشتارها از بین بردن فتنه‌ها بوده است:

و آن‌ها را [بت پرستانی که از هیچ گونه جنایتی ابا ندارند] هر کجا یافتید، به قتل برسانید! و از آن جا که شما را بیرون ساختند [مکه]، آن‌ها را بیرون کنید! و فتنه (و بت پرستی) از کشتار هم بدتر است!

و با آن‌ها پیکار کنید! تا فتنه (و بت پرستی و سلب آزادی از مردم)، باقی نماند؛ و دین، مخصوص خدا گردد. پس اگر (از روش نادرست خود) دست برداشتند، (مزاحم آن‌ها نشوید! زیرا) تعدّی جز بر ستمکاران روا نیست. (ق ۲:۱۹۰-۱۹۳)

ایدهٔ اینکه فتنه از کشتار هم بدتر است، به باور بسیار مهمی تبدیل شد. همین اصطلاح، مجدداً در حمله به کاروان مکه (ق ۲:۲۱۷) در طول ماه مقدس اعراب (دوره‌ای که قبیله‌های عرب حمله به کاروان‌ها را ممنوع اعلام کرده بودند)، به کار برده شد. این اصطلاح اعلام می‌کرد که ریختن خون کفار به اندازهٔ گمراه ساختن مسلمانان از دینشان، بد نیست.

اصطلاح دیگری که در سورهٔ ۲ خیلی اهمیت دارد «با آن‌ها پیکار کنید تا فتنه باقی نماند» است. این آیه هم دوباره در جنگ بدر یعنی در سال دوم اقامت محمد در مدینه به کار گرفته شد. (ق ۸:۳۹) این اصطلاحات دربارهٔ فتنه، هرکدام دوبار مطرح شدند و اعلام کردند که اصل جهاد جایز است نسبت به با هر مانعی انجام شود که در ورود مردم به اسلام وجود دارد و یا هر مانعی که باعث می‌شود مسلمانان از اسلام رویگردان شوند.

هرچقدر که کشتار دیگران غم‌انگیز به نظر برسد، ممانعت از ایمان آوردن دیگران به اسلام، از آن هم بدتر و غم‌انگیزتر است.

فقهای اسلام مفهوم فتنه را تا حد وجود بی‌ایمانی گسترش دادند و تعبیرشان این است: بی‌ایمانی بدتر از کشتار است.

با این دیدگاه، اصطلاح «فتنه از کشتار بدتر است» به خواستگاهی جهان شمول تبدیل شد تا مسلمانان علیه کافرانی بجنگند که پیغام محمد را نپذیرفتند و بدین ترتیب آن‌ها را به قتل برسانند. طبق نظر مفسر بزرگ، ابن کثیر، برای بی‌ایمانان، ایمان نیاوردن شرارتی بدتر از کشتار تلقی می‌شد. این باور اعلام می‌کرد مسلمانان باید برای نابودی بی‌ایمانان بجنگند تا زمانی که اسلام بر تمام ادیان برتری یابد (ق ۲:۱۹۳؛ ق ۸:۳۹).

ما قربانیان هستیم!

در تمام آیات قرآن، محمد روی قربانی بودن مسلمین تأکید داشت. وی برای اینکه کشورگشایی و کشتار دیگران را به‌حق جلوه دهد، ادعا می‌کرد دشمنان یعنی کفار، مقصر و مستحق حملهٔ مسلمین هستند. قربانی معرفی کردن مسلمانان، به‌عنوان ترفندی برای عادلانه جلوه دادن خشونت آن‌ها به کار گرفته می‌شد. هرچقدر مسلمانان، دشمنانشان را بیشتر شکنجه می‌کردند؛ ضرورت تأکید بر مقصر بودن دشمنان هم بیشتر می‌شد. پس از اینکه اللّه اعلام کرد مسلمین متحمل چیز بدتری از کشتار شده‌اند، مسلمانان باید قربانی بودن خود را بدتر از آنچه بر دشمنانشان روا داشته شده، جلوه می‌داند.

این آموزهٔ دینی در قرآن و سنت محمد به ما نشان می‌دهد چرا همیشه مسلمانان مظلوم‌نمایی کرده و خود را قربانی‌تر از آنانی نشان می‌دهند که مسلمین بدیشان حمله‌ور شده‌اند. این ذهنیت در مناظرهٔ احمد ابن محمد، استاد الجزیره‌ای سیاست‌های دینی، در مناظرهٔ با دکتر وفا سلطان که در تلویزیون الجزیره پخش شد، به‌وضوح ملموس بود. دکتر سلطان اعلام کرد که مسلمانان انسان‌های بی‌گناه را کشته‌اند. در پاسخ نظر دکتر سلطان، احمد ابن محمد شروع به فریاد زدن کرد و گفت:

> ما قربانی هستیم! میلیون‌ها بی‌گناه بین ما مسلمانان وجود دارد؛ در حالی که شمار بی‌گناهان بین شما تنها به صدها یا نهایتاً هزاران نفر می‌رسد.

ذهنیت خود قربانی پنداری یا مظلوم‌نمایی تا همین امروز هم گریبان‌گیر بسیاری از جوامع اسلامی است و قابلیت آن‌ها را برای مسئولیت‌پذیری کاهش داده است.

قصاص

همان‌طور که قدرت نظامی محمد در مدینه افزایش پیدا می‌کرد و مسلمین می‌توانستند دشمنانشان را شکست دهند، رفتار او با دشمنان شکست‌خورده به‌وضوح نشان می‌داد که محمد انگیزهٔ جنگ افروزی دارد. یکی از وقایع نقل‌قول شده، رفتار محمد با «عقبه بن نافع» بود؛ عقبه در گذشته، مدفوع شتر و رودهٔ احشام به‌سوی محمد پرت کرده بود. او در جنگ بدر اسیر شد و هنگامی که برای حفظ جانش التماس می‌کرد به محمد گفت: «ای محمد اگر من را بکشی چه کسی از فرزندانم نگهداری خواهد کرد؟» محمد پاسخ داد: «جهنم.» و سپس او را کشت. بعد از جنگ بدر، جسد اهالی مکه که کشته شده بودند را داخل گودال انداختند و محمد در نیمه شب به میان آن گودال رفت تا مکی‌های کشته شده را مسخره کند.

چنین وقایعی نشان می‌دهد که محمد می‌خواست با انتقام گرفتن از کسانی که او را نپذیرفتند، اعتبار خود را نشان دهد؛ بنابراین محمد اصرار داشت حتی در مقابل کشته‌شدگان، حرف آخر را بزند.

کسانی که محمد را رد کردند اولین کسانی بودند که محمد قصد جانشان را داشت. هنگامی که مکه را فتح کردند، محمد مسلمانان را به قتل تشویق نمی‌کرد. با این وجود، عدهٔ کمی بودند که باید کشته می‌شدند. در این فهرست از ۳ کافر نام برده شد، یک مرد و یک زن که در مکه به محمد توهین کرده بودند و دو دختر برده که ضد محمد هزلیات می‌خواندند.

فهرست افرادی که باید از میان مردم مکه کشته می‌شدند، نشان دهندهٔ خشم محمد نسبت به افرادی بود که او را رد کرده بودند. زنده ماندن کافران برای محمد، شکلی از فتنه محسوب می‌شد، چون تا زمانی که کفار زنده بودند وجودشان ثابت می‌کرد که اشخاص می‌توانند اسلام را ترک یا رد کنند. از طرفی کسانی که محمد را تحقیر و توهین می‌کردند، خطرناک محسوب می‌شدند؛ چراکه قدرت داشتند ایمان دیگر مسلمین را زیر سؤال ببرند.

تأثیرات این موارد روی غیرمسلمانان

ریشهٔ مردود بودن غیرمسلمانان در دین اسلام، در جهان‌بینی احساسی محمد و عکس‌العمل‌های شخصی او در مقابل کسانی است که او را نپذیرفتند.

در ابتدا محمد دشمنی خود را به اعراب بت‌پرست یعنی قبیلهٔ خود معطوف کرد. می‌توانیم الگویی واضح را در رفتار محمد با اعراب بت‌پرست ببینیم؛ احساس خصومت بابت اتهامات و آزارهایی که اعراب بت‌پرست بر مسلمانان روا داشتند، دلیلی موجه تلقی می‌شد تا مسلمانان وجود بی‌ایمانی را فتنه محسوب کنند. محمد با اهالی کتاب به همین روش رفتار می‌کرد. در نتیجهٔ نپذیرفتن اسلام، مُهر گناهکار بودن از سوی اسلام بر آن‌ها قرار گرفت و محمد مایل بود آن‌ها را شکست دهد و با آن‌ها مانند مردم درجهٔ دو رفتار می‌کرد.

قبل از فتح مکه، محمد رؤیایی داشت که در آن برای حج به مکه رفته بود. در آن زمان چنین کاری ممکن نبود؛ چراکه مسلمانان با مردم مکه در جنگ به سر می‌بردند. بعد از این رؤیا، محمد با پیمان صلح حدیبیه اجازه یافت به حج برود. مدت این پیمان ۱۰ سال بود و یکی از مفاد این صلح‌نامه اعلام می‌کرد محمد باید هرکسی را که بدون اجازهٔ قیم خود نزدش آمده، به مکه بازگرداند. این مفاد شامل بردگان و زنان نیز می‌شد. این صلح‌نامه اجازه می‌داد طرفین بتوانند با یکدیگر پیمان وحدت ببندند.

محمد به پیمان خود عمل نکرد؛ هنگامی که مردم از مکه می‌آمدند تا همسران و بردگان خود را پس بگیرند، محمد با سخن گفتن راجع‌به حاکمیت الله از تحویل دادن زنان و بردگان فراری خودداری می‌کرد. اولین مورد زنی بود به نام اُم کلثوم که برادرش آمد تا او را از محمد باز پس بگیرد. محمد اجازهٔ این کار را نداد و طبق روایت ابن اسحاق گفت: «الله مسلمانان را از این کار منع کرده است.» (ق ۱۶:۱۰ را ببینید)

سورهٔ ۶۰ به مسلمانان فرمان می‌دهد با بی‌ایمانان دوستی نکنند و می‌گوید اگر مسلمانی، پنهانی اهالی مکه را دوست داشته باشد گمراه شده است، چراکه تنها خواستهٔ بی‌ایمانان این است که مسلمین را از ایمانشان منحرف کنند. تمام سورهٔ ۶۰ با روح پیمان حدیبیه در تضاد است، چراکه در آن پیمان آورده شده نسبت به یکدیگر دشمنی و هیچ نقشهٔ مخفی علیه یکدیگر نخواهیم داشت. با این وجود، بعداً که مسلمانان به مکه حمله کردند و اهالی مکه را شکست دادند، اعلام کردند قریش پیمان را زیر پا گذشته است.

پس از این اتفاق، الله اعلام کرد که مسلمانان دیگر حق پیمان بستن با بت‌پرستان را ندارند. خداوند و پیامبرش از مشرکان بیزارند! و مشرکان را هر جا یافتید به قتل برسانید؛ (ق ۹:۳ و ۵)

این رویدادها شکل‌گیری یکی از دیدگاه‌های اسلام را نشان می‌دهد، دیدگاهی که می‌گوید تمامی نامسلمانان پیمان‌شکن هستند و نمی‌توانند هیچ عهدی را نگاه دارند(ق ۹:۷ و ۸). هم‌زمان محمد تحت هدایت الله اعلام کرد اجازه دارد پیمان خود را با کافران بشکند؛

هنگامی که محمد مدعی داشتن چنین اقتداری شد، زیرپا گذاشتن عهد و پیمان‌ها برای او نادرست تلقی نمی‌شد.

موارد این‌چنینی نشان می‌دهند، محمد با قرار دادن بی‌ایمانان در دسته افرادی که سعی دارند مسلمانان را اغوا و از اسلام گمراه کنند (کسانی که فتنه‌گر هستند)، کاری کرد که مسلمانان تا ایمان آوردن آن‌ها، نتوانند با غیرمسلمانان ارتباطات عادی داشته باشند.

در بخش بعدی خواهیم دید چگونه محمد خشم و خشونت خود را به یهودیان عربستان معطوف کرد و همچنین خواهیم دید عواقب غم‌انگیز این کار چه بود. برخورد محمد با یهودیان عربستان پایه‌های سیاست اسلام برای غیرمسلمانان را که حکم ذمه برای اهل کتاب را شامل می‌شود بنا کرد. در فصل آینده به‌حکم ذمه می‌پردازیم.

دیدگاه اولیه محمد به یهودیان

در ابتدا، ادعای اصلی محمد نسبت به یهودیان این بود که او پیامبری است از نسل طویل انبیای یهود. در اواخر سوره‌های مکی و اوایل دوران اقامت محمد در مدینه، اشارات زیادی به یهودیان وجود دارد. محمد آن‌ها را با نام اهل کتاب معرفی می‌کند. در این دوران قرآن اعلام می‌کرد علی‌رغم اینکه برخی یهودیان با ایمان و برخی بی‌ایمان هستند، پیغام محمد برای یهودیان باعث برکت خواهد بود. (ق ۹۸:۱-۸)

محمد در این سال‌ها با برخی از مسیحیان دیدار کرده و این ارتباطات، باعث دلگرمی‌اش بود. ورقه عموزادهٔ خدیجه، محمد را به‌عنوان پیغمبر خدا می‌شناخت. سنت اعلام می‌کند محمد در سفرهای خود، با راهبی به نام «بحیری» ملاقات کرده بود که او را پیغمبر خطاب می‌نمود. شاید محمد معتقد بود یهودیان می‌توانند در او نشانه‌ای واضح از الله ببینند (ق ۹۸) و پیغام او را بپذیرند. محمد می‌گفت آنچه او تعلیم می‌دهد مانند یهودیت است که شامل نماز و پرداخت زکات[7] می‌شود (ق ۹۸:۵). محمد حتی با نسخه‌برداری از سنت یهودیان، پیروان خود را هدایت می‌کرد تا به سمت *الشام* (سوریه) که به‌سوی اورشلیم است، نماز بخوانند.

متون اسلامی اعلام می‌کنند هنگامی که محمد به مدینه رسید، عهدی بین مسلمانان و یهودیان برقرار کرد. در این توافق اعلام می‌شد یهودیان و مسلمانان، هرکدام، پیرو دین خود باشند؛ به‌علاوه، در این توافق به یهودیان امر شد تا به محمد وفادار باشند.

مخالفت‌ها در مدینه

محمد بشارت خود را به یهودیان ساکن در مدینه آغاز کرد ولی با مقاومتی غیرمنتظره روبه‌رو شد. سنت اسلام این مقاومت را به‌عنوان حسادت معرفی می‌کند. برخی از این به اصطلاح «وحی و الهامات» محمد شامل اشاراتی به کتاب مقدس بود و مسلماً ربی‌ها

---

۷ یکی از پنج ستون اصلی اسلام زکات است. زکات مالیات مذهبی سالیانه مسلمین است.

(معلمین یهود) به این الهامات اعتراض داشتند، چراکه تضادهای بسیاری در تفاسیر محمد وجود داشت.

پیامبر اسلام سؤالات ربی‌های یهودی را دردسرساز می‌دانست و هرچه بیشتر [آیات] قرآن بدو نازل می‌شد، بیشتر می‌توانست پاسخ‌گوی آنان باشد. هربار که معلمین یهود، محمد را با سؤالی به چالش می‌کشیدند، او با به زبان آوردن آیاتی تازه از قرآن، این موقعیت را به فرصتی برای معتبر جلوه دادن خود بدل می‌ساخت.

یکی از ساده‌ترین حربه‌های محمد این بود که اعلام کند یهودیان فریبکار هستند و آیاتی را که به نظر می‌رسد حامی نظرشان است به زبان می‌آورند؛ در حالی که آیاتی را که به ضررشان است مخفی می‌کنند (ق ۳۶:۷۶ و ق ۲:۷۷). پاسخ دیگر اللّه این بود که یهودیان به‌عمد کتاب مقدس خودشان را تحریف کرده‌اند (ق ۲:۷۵).

تعبیر سنت اسلام از گفت‌وگوهای ربی‌های یهود با محمد این است که پاسخ‌های آن‌ها حقیقی نبوده و سخنان آن‌ها گفت‌وگو محسوب نمی‌شود؛ بلکه به معنای **فتنه** بوده است؛ یعنی ربی‌های یهود قصد داشتند اسلام و ایمان مسلمین را از بین ببرند.

آموزه‌های خصومت‌آمیز، علیه کسانی که اسلام را نپذیرفتند

گفت‌وگوهای ناامیدکنندهٔ محمد با یهودیان، بر خصومت او علیه ایشان افزود. با وجود اینکه در گذشته برخی از آیات قرآن گفته بودند بعضی از یهودیان مؤمن و با ایمان‌اند، در ادامهٔ قرآن آمده که تمام نسل یهود لعنت شده‌اند و تنها عدهٔ کمی از آن‌ها حقیقتاً مؤمن هستند (ق ۴۶:۴).

قرآن ادعا کرد در گذشته، عده‌ای از یهودیان به‌خاطر گناهانشان به میمون و خوک تبدیل‌شده‌اند (ق ۲:۶۵؛ ق ۵:۶۰؛ ق ۷:۱۶۶). اللّه همچنین آن‌ها را قاتلان انبیاء خطاب کرده است (ق ۴:۱۵۵ و ق ۵:۷۰). قرآن می‌گوید اللّه از یهودیان عهدشکنْ بیزار است و قلب آن‌ها را سخت کرده؛ بنابراین، محمد باید بداند که یهودیان (به‌جز عده‌ای اندک) جملگی خیانت‌کار هستند (ق ۵:۱۳). قرآن اعلام می‌کند چون یهودیانْ عهدشان را شکستند و دین حقیقی خود را رها کرده‌اند، جزو زیانکاران هستند (ق ۲:۲۷).

محمد در مدینه به این نتیجه رسید که فرستاده شده تا خطاهای یهودیان را اصلاح کند (ق ۵:۱۵). در اوایل دوران زندگی‌اش در مدینه، بر او «وحی» شد که یهودیت معتبر است (ق ۲:۶۲). با این وجود، این آیه را نقض کرده (ق ۳:۸۵) و به این نتیجه رسید که آمدنش، اعتبار یهودیت را از میان می‌برد و اسلامی که به‌واسطهٔ او آورده شده، دین نهایی و کامل اللّه برای بشر است. هرکس که این پیغام را انکار کند، زیانکار است (ق ۳:۸۵)؛ بنابراین، از آن پس دیگر پذیرفته نبود که یهودیان یا مسیحیان دین خود را پیروی کنند؛ بلکه باید محمد را پذیرفته و مسلمان می‌شدند.

محمد در قالب آیات قرآن، حمله‌ی دینی تمام‌عیاری را علیه یهودیان ترتیب داد. دلیل حملهٔ دینی‌اش این بود که یهودیان، حاضر به پذیرش پیغام او نشده بودند و این موضوع

محمد را به‌شدت آزرده کرده بود. برای محمد، این مورد هم مثل پاسخ او به بت‌پرستان مکه، به تأیید خویشتن مربوط می‌شد. در ادامه، واکنش محمد به یهودیان بسیار خشن بود.

پس زده شدن، به خشونت تبدیل می‌شود

محمد، در مدینه، یک لشکرکشی را آغاز کرد تا یهودیان را بترساند و نهایتاً از میان بردارد. او که به‌واسطهٔ پیروزی در جنگ بَدر با بت‌پرستان شجاع‌تر شده بود؛ به سراغ طایفهٔ بنی‌قینقاع رفت و آن‌ها را با انتقام الهی اللّه تهدید کرد. سپس بهانه‌ای پیدا کرد تا به یهودیان بنی‌قینقاع، حمله و ایشان را از مدینه اخراج کند.

سپس محمد، کشتار هدفمند یهودیان را آغاز نمود و به پیروانش فرمان داد هر [تعداد] یهودی را که می‌توانید، بکشید. او خطاب به یهودیان گفت: «اسلم تسلم» یعنی اسلام را بپذیرید تا در امان باشید.

تغییر عمیق دیگری که در دیدگاه محمد اتفاق افتاد این بود که غیرمسلمانان تنها درصورتی حق حفاظت از جان و مال خود را داشتند که اسلام و مسلمانان را محترم می‌شمردند. هر چیزی جز این فتنه بود و برای مسلمانان دلیلی برای جهاد محسوب می‌شد.

قصد محمد برای نابود کردن یهودیان مدینه هنوز به نتیجه نرسیده بود. توجه او به بنی نضیر جلب شد. تمام طایفهٔ نضیر به شکستن پیمان متهم شدند بنابراین مسلمانان به آن‌ها حمله کردند و بنی نضیر به همین شکل از مدینه اخراج شدند و مجبور شدند تمام دارایی‌ها و اموالشان را به‌عنوان غنیمت برای مسلمین باقی بگذارند.

پس از این، محمد با بهانهٔ اینکه جبرائیل فرشتهٔ خدا فرمان داده است، با باقیماندهٔ قبایل یهود، یعنی بنی‌قریظه وارد جنگ شد. هنگامی که یهودیان بی‌قیدوشرط تسلیم شدند، حدود ۶۰۰ تا ۹۰۰ مرد (بر اساس روایت‌های مختلف) در بازار مدینه گردن زده و زنان و کودکان یهودی به‌عنوان غنیمت (برده) بین مسلمین تقسیم شدند.

کار محمد هنوز با یهودیان عربستان تمام نشده بود. پس از نابود کردن یهودیان مدینه، او به خیبر حمل کرد. جنگ خیبر با دو انتخاب برای یهودیان آغاز شد؛ یا به اسلام ایمان بیاورید یا کشته شوید. با این وجود، هنگامی که مسلمانان، یهودیان خیبر را شکست دادند، انتخاب سومی به میان آمد: تسلیم شدن مشروط یهودیان. به این شکل یهودیان خیبر به اولین اهالی ذمه تبدیل شدند (فصل ۶ را مطالعهٔ کنید).

در این قسمت به پایان تعلیماتمان دربارهٔ رفتار محمد با یهودیان می‌رسیم.

مهم است بدانید که قرآن، یهودیان و مسیحیان را به‌عنوان نمایندگان یک گروه یعنی اهالی کتاب قلمداد می‌کند؛ بنابراین رفتار محمد با یهودیان و آیات قرآن دربارهٔ آن‌ها، در گذر تاریخْ تبدیل به الگوی رفتاری مسلمانان با مسیحیان شد.

سه پاسخ محمد به پس‌زده شدن

در دوران پیامبری محمد، می‌بینیم که او به اشکال مختلف، پس‌زده شدن را تجربه کرد: در شرایط خانوادگی، در میان قوم خود یعنی در مکه و توسط یهودیان در مدینه.

همچنین انواع واکنش‌های محمد را به پس‌زده شدن را بررسی کردیم. در آغاز، محمد کمبود اعتمادبه‌نفس را در قالب افکار خودکشی و ترس از اینکه به تسخیر شیاطین در آمده باشد و در قالب یأس و ناامیدی، بروز می‌داد.

او همچنین از پاسخ‌هایش در راستای اعتبار بخشیدن به خویشتن استفاده می‌کرد تا بتواند با ترس ناشی از طردشدگی مقابله کند.[۸] این موارد شامل ادعاهایی می‌شد که عنوان می‌کرد اللّه، دشمنان محمد را در جهنم مجازات خواهد کرد؛ او همچنین چیزهایی عنوان می‌کرد که مانع از شرمساری احتمالی او شود، به‌عنوان مثال، محمد مدعی بود تمامی انبیاء، در برهه‌ای از زندگی‌شان توسط شیطان گمراه شده‌اند. همچنین آیاتی از سوی اللّه فرستاده می‌شد که اعلام می‌کرد: هرکس از محمد و دین او پیروی کند، در این جهان و جهان باقی رستگار خواهد شد.

در انتها، به واکنش‌های خشونت‌آمیز او برای شکست دادن مخالفین پرداختیم. نتیجهٔ این واکنش‌ها، اصل **جهاد** برای از بین بردن **فتنه** به‌واسطهٔ کشتار و شکست دادن غیرمسلمانان است.

واکنش‌های محمد به این ترتیب هستند: نداشتن اعتمادبه‌نفس، تأیید خویشتن و نهایتاً خشونت. محمد یتیم، به شخصیتی تبدیل شد که دیگران را یتیم می‌کرد. محمد که به خود شک داشت و از ترس تسخیر شیاطین، به خودکشی فکر می‌کرد؛ دست به راندن دیگران دراز کرده و از طریق جنگ و اجبار سعی داشت، دین خود را به‌جای ادیان دیگر به تمام بشریت تحمیل کند.

در جهان‌بینی احساسی محمد، شکست و تحقیر بی‌ایمانان می‌توانست احساسات و خشم پیروان او را شفا دهد. این شفا، یعنی صلح اسلامی که از طریق نبرد امکان‌پذیر بود در قرآن توصیف‌شده است:

> با آن‌ها پیکار کنید که خداوند آنان را به دست شما مجازات می‌کند؛ و آنان را رسوا می‌سازد؛ و سینه گروهی از مؤمنان را شفا می‌بخشد (و بر قلب آن‌ها مرهم می‌نهد) و خشم دل‌های آنان را از میان می‌برد! و خدا توبه هر کس را بخواهد (و شایسته بداند)، می‌پذیرد؛ و خداوند دانا و حکیم است (ق ۹:۱۴-۱۵).

در ابتدا، محمد و پیروانش توسط مشرکین مکه مورد آزار قرار می‌گرفتند؛ اما هنگامی که محمد در مدینه به قدرت رسید، حتی عدم ایمان مردم به پیامبری خود را، به آزار مسلمین

---

۸ برای بررسی و شناخت مسئلهٔ طرد شدن و انواع عکس‌العمل‌ها، شما می‌توانید نوشتهٔ نوئل و فیل گیبسون "*Evicting Demonic Squatters and Breaking Bondages*" را مطالعه کنید.

تعبیر می‌کرد. در نتیجه محمد، مجوز استفاده از خشونت را در مقابل طعنه‌زنان و بی‌ایمانان یهودی و مسیحی و بت‌پرست صادر کرد تا بتواند از طریق ترساندن ایشان، تمام غیرمسلمانان را مغلوب کند. محمد جهان‌بینی و برنامهٔ نظامی‌ای را ترتیب داد تا دیگر، کسی نتواند پیامبری، دین و اصالت یا قومیت او را رد کند یا نپذیرد. بعدها او اعلام کرد که موفقیت شیوه‌اش مهر تأییدی بر پیامبری‌اش می‌باشد!

هم‌زمان و در حین وقوع این اتفاقات، محمد در حال افزایش کنترل خود رَوی پیروانش یعنی مسلمین بود. در ابتدا، یعنی در مکه، قرآن اعلام می‌کند محمد فقط هشداردهنده است، اما پس از هجرت به مدینه، محمد به فرمانروای مؤمنان تبدیل شد و بر زندگی‌های آن‌ها چنان سلطه داشت که قرآن، در جایی می‌گوید: «اللّه و پیامبرش دربارهٔ موضوعی تصمیم گرفته‌اند و ایمان‌داران باید بدون چون و چرا اطاعت کنند (ق ۳۳:۳۶) و راه اطاعت از اللّه اطاعت از پیامبر او است» (ق ۴:۸۰).

سلطه‌ای که محمد، در مدینه بر پیروانش داشت، امروزه هم به‌واسطهٔ دین اسلام در زندگی بسیاری از مسلمانان باعث آسیب‌هایی جدی می‌شود. یکی از الگوهایی که محمد به دین اسلام معرفی کرد این است: اگر مردی ۳ بار زنش را با گفتن «تو را طلاق می‌دهم» طلاق دهد و بعدازآن بخواهند مجدداً با هم ازدواج کنند؛ آن زن باید ابتدا با مرد دیگری ازدواج‌کرده و با او هم‌بستر شود و سپس طلاق بگیرد تا بتواند دوباره با شوهر اول خود ازدواج کند. این حکم دینی می‌تواند باعث رنج و ناراحتی زنان مسلمان شود.

قرآن روند پیشروی محمد را به‌عنوان یک پیامبر نشان می‌دهد: قرآن متن شخصی محمد است و واکنش روبه رشد دشمنی و خشونت او را در برابر طردشدگی و پس‌زده شدن، و میزان علاقه‌اش را برای سلطه‌جویی بر دیگران نشان می‌دهد. خصوصیاتی که نتایج آن، بعدها به غیرمسلمانان تحمیل شد؛ یعنی مواردی مثل تحمیل سکوت، احساس شرم و قدردانی حقارت‌بار - که ناشی از تجربهٔ شخصی محمد به‌خاطر طردشدگی بود. او این موارد بر هرکسی تحمیل می‌کرد که نمی‌پذیرفت «خدایی جز اللّه نیست و محمد، فرستادهٔ اوست».

به انتهای بررسی اجمالی تجارب و عکس‌العمل‌های محمد به طردشدگی رسیدیم. متوجه واکنش‌های او نسبت به رانده شدن توسط دیگران شدیم و دیدیم که عملکرد او در مقابل دیگران چگونه بود. همچنین راجع‌به امر تأیید خویشتن و تلاش‌های محمد برای پیروزی و به کوشش وی در راستای شکست دادن دشمنان پرداختیم.

بهترین الگو

در این فصل راجع‌به خصوصیات کلیدی محمد آموختیم. با وجود اینکه او در اسلام به‌عنوان الگوی کاملی برای بشر معرفی می‌شود، اما متوجه شدیم که طردشدگی چه تأثیر و لطمه‌ای بر شخصیت او وارد کرد. واکنش‌های او به این امر شامل کمبود اعتمادبه‌نفس، تأیید خویشتن، سلطه‌جویی و روا داشتن خشونت نسبت به دیگران می‌شد. چنین

واکنش‌هایی در مقابل پس‌زده شدن از سوی دیگران به محمد آسیب می‌زد و امروزه نیز برای بسیاری آسیب‌زا است.

تاریخچهٔ زندگی محمد اهمیت دارد؛ چراکه مشکلات شخصی او از طریق دین و جهان‌بینی اسلام، به مشکلاتی جهانی تبدیل‌شده است. از این طریق مسلمانان به لحاظ روحانی دربند شخصیت و الگوی محمد هستند. این اسارت‌ها از طریق به زبان آوردن شهادتین شکل می‌گیرد و از طریق تمام مراسم اسلامی‌ای تقویت می‌شود که شهادتین در آن‌ها تکرار می‌شود. اولین کلماتی که هر نوزاد مسلمان می‌شنود، نجوای شهادتین است که بلافاصله پس از تولد در گوش او زمزمه می‌شود.

شهادتین اعلام می‌کند محمدْ پیامبر اللّه است، این نکته به معنی پذیرش قرآن به‌عنوان کلام اللّه است که به محمد، پیامبر اللّه نازل شده است. تأیید شهادتین به معنی پذیرش تمام نظریات قرآن دربارهٔ محمد است، یعنی به معنی پذیرش تمام تهدیدها و لعنت‌هایی است که محمد، علیه آنانی به زبان آورده که او را پیروی نمی‌کنند. پذیرش شهادتین، به معنی پذیرش وظیفهٔ مخالفت و حتی جنگ (جهاد) با کسانی است که حاضر به پذیرش محمد نبوده و از او پیروی نمی‌کنند.

در اصل، شهادتین به عالم روحانی و قدرت‌های این دنیای تاریک (افسسیان ۶:۱۲) اعلام می‌کند: هرکس به محمد ایمان‌دارد، به‌واسطهٔ عهد شهادتین به محمد و الگوی او وابسته است؛ یعنی او به‌واسطهٔ اعلام شهادتین، در اصل به لحاظ روحانی به محمد وابسته شده است (فصل ۷ را مشاهده کنید). این اصل، اسارت روحانی مسلمانان به محمد را نشان می‌دهد. چنین پیمانی به نیروهای روحانی این عصر تاریک اجازه می‌دهد چنین مشکلات و چالش‌هایی را بر سر راه کسانی قرار دهند که به اسلام ایمان‌دارند و به لحاظ روحانی، دربند اسارت محمد هستند تا آن‌ها را به چالش بکشند. تمام این مشکلات و چالش‌های روحانی، به‌واسطهٔ دین اسلام تقویت شده و به جوامع مسلمان نفوذ کرده است.

ما تنها دربارهٔ برخی از جنبه‌های منفی سنت محمد صحبت کردیم و دربارهٔ مواردی سخن گفتیم که امروزه، به‌واسطهٔ دین و شهادتین در زندگی بسیاری از مسلمین اثر می‌گذارد. در این بخش فهرستی از خصوصیات منفی الگو و تعلیمات محمد را نام می‌بریم:

- خشونت و جنگ
- قتل
- برده داری
- انتقام جویی
- نفرت
- نفرت‌پراکنی علیه زنان (زن‌ستیزی)

- نفرت‌پراکنی علیه یهودیان (یهودی‌ستیزی)
- سوءاستفاده از دیگران
- شرم و شرمنده ساختن دیگران
- ایجاد ترس و ارعاب
- فریب و دروغ
- کینه‌توزی از اهانت‌ها
- مظلوم‌نمایی
- تأیید خویشتن
- احساس برتری بر سایرین
- معرفی نادرست خدا
- تلاش برای مغلوب ساختن دیگران
- تجاوز

هنگامی که شخص مسلمان شهادتین را به زبان می‌آورد، در اصل ادعاهای قرآن و سنت پیامبر را دربارهٔ شخصیت مسیح و علیه تعلیمات کتاب مقدس می‌پذیرد:

- انکار مرگ مسیح بر صلیب
- نفرت از صلیب
- انکار کردن این حقیقت که مسیح پسر یگانهٔ خداوند است (و لعنت کردن کسانی که به این حقیقت ایمان‌دارند.)
- اتهام به یهودیان و مسیحیان مبنی بر اینکه کتاب مقدس را عامدانه تحریف کردند.
- تأیید این ادعا که مسیح بازمی‌گردد تا مسیحیت را نابود کند و تمام جهانیان را مجبور کند تا تسلیم دین محمد شوند.

این ویژگی‌ها بار سنگینی محسوب می‌شوند. یکی از چالش‌هایی که برای مسلمانانی که اسلام را ترک می‌کنند تا مسیح را پیروی کنند وجود دارد این است که: اگر تک‌به‌تک این ویژگی‌ها را انکار نکنند، چنین باورهای نادرستی می‌تواند در جان شخص جای پاهای پنهانی را در اختیار شیطان قرار دهد. یکی از دلایلی که باعث می‌شود افرادی که از اسلام به مسیحیت ایمان می‌آورند مشکلاتی را درزمینهٔ حیات مسیحی خود تجربه کنند، همین نکته است.

اگر موقعیت محمد، به‌عنوان پیامبر به صراحت انکار نشود، لعنت‌های قرآن و مخالفت محمد با خداوندی و مرگ مسیح بر صلیب، می‌تواند در زندگی شخص نو ایمانْ تزلزل روحانی به وجود آورد و در نتیجه، شخص نو ایمان ممکن است، به‌راحتی بترسد و در پیروی از خداوندْ عیسای مسیح، احساس ضعف کند. چنین امری می‌تواند به‌شدت به روند شاگردیِ شخصْ آسیب بزند.

به همین دلیل هنگامی که کسی اسلام را ترک می‌کند، پیشنهاد می‌شود مخصوصاً الگو و تعلیمات محمد و قرآن را که همراه با میراث و لعنت‌های شهادتین است، انکار نماید. در فصل بعدی می‌آموزیم چگونه این کار را انجام دهیم و همچنین زندگی مسیح و صلیب او را بررسی خواهیم کرد تا کلید رهایی از الگوی محمد را دریابیم.

۵

درس رهایی از شهادتین

پس اگر کسی در مسیح باشد، خلقتی تازه است
دوم قرنتیان ۵:۱۷

در این بخش خواهیم دید مسیح چگونه به رانده شدن از سوی مردم پاسخ داد. داستان زندگی مسیح هم مانند داستان محمد دربارهٔ راندگی و طردشدگی از سوی مردم است؛ که البته نقطهٔ اوجِ این ماجرا به صلیب می‌رسد. محمد آزارها را با انتقام پاسخ داد؛ اما پاسخ مسیح کاملاً با پاسخ محمد تفاوت دارد و این همان کلید رهایی از اسلام است.

آغاز سخت

مثل محمد، شرایط خانوادگی مسیح هم ایده‌آل نبود. هنگام تولد، افترای حرامزادگی، بر مسیح قرار گرفته بود (متی ۱:۱۸-۲۵) مسیح در شرایطی محقر، در آخُری پست متولد شد (لوقا ۲:۷) پس از تولد، هرودیس پادشاه قصد جانش را داشت. سپس او به‌عنوان یک پناه‌جو به مصر گریخت(متی ۲:۱۳-۱۸).

مسیح زیر سؤال می‌رود

هنگامی که مسیح در ۳۰ سالگی خدمت خود را آغاز کرد، با مخالفت‌های بسیاری روبه‌رو شد. درست مثل محمد، رهبران یهود هم سؤالاتی از مسیح می‌پرسیدند تا قدرت و حاکمیت او را زیر سؤال برده و به چالش بکشند.

> «چون عیسی بیرون رفت، علمای دین و فَریسیان سخت با او به مخالفت برخاستند و با سؤالات بسیار بر او تاختند و در کمین بودند تا در سخنی از زبانش وی را به دام اندازند.» (لوقا ۱۱:۵۳ و ۵۴)

این سؤالات به موارد زیر مرتبط بودند:

- چرا مسیح در روز شبات، دیگران را یاری می‌رساند و شفا می‌بخشد؛ این سؤال مطرح شد تا نشان دهد که عیسای مسیح شریعت خدا را زیرپا می‌گذارد (مرقس ۳:۲؛ متی ۱۲:۱۰)

- مسیح به چه حقی این معجزات و آیات را به انجام می‌رساند؟ (مرقس ۲۸:۱۱؛ متی ۲۱:۳۳؛ لوقا ۲:۲۰)
- آیا مطابق شریعت، مردی می‌تواند زن خود را طلاق دهد؟ (مرقس ۲:۱۰؛ متی ۳:۱۹)
- آیا مطابق شریعت، جایز است به قیصر روم خراج پرداخته شود؟ (مرقس ۱۵:۱۲؛ متی ۱۷:۲۲؛ لوقا ۲۲:۲۰)
- بزرگ‌ترین و مهم‌ترین فرمان خدا چیست؟ (متی ۳۶:۲۲)
- مسیح پسر چه کسی است؟ (متی ۴۲:۲۲)
- پدر مسیح و اصالت او (یوحنا ۱۹:۸)
- رستاخیز (متی ۲۳:۲۲-۲۸؛ لوقا ۲۷:۲۰-۳۳)
- درخواست برای به ظهور رساندن نشانه‌ها و معجزات (مرقس ۱۱:۸؛ متی ۳۸:۱۲ و ۱:۱۶)

در کنار این سؤالات، مسیح به موارد زیر متهم شد:

- دیو زده بودن، شیطانی بودن و به ظهور رساندن نشانه‌ها به‌واسطهٔ قدرت شیطان (مرقس ۲۲:۳؛ متی ۲۴:۱۲؛ یوحنا ۵۲:۸ و ۲۰:۱۰).
- داشتن شاگردانی که احکام شبات را نگاه نمی‌داشتند (متی ۱۲:۲) و یا احکام پاکی را رعایت نمی‌کردند. (مرقس ۲:۷؛ متی ۱:۱۵ و ۲؛ لوقا ۳۸:۱۱)
- شهادت دادن فاقد اعتبار (یوحنا ۱۳:۸).

افرادی که مسیح را رد کردند و او را نپذیرفتند

هنگامی بررسی زندگی و تعالیم عیسای مسیح، متوجه‌می‌شویم که او از سوی گروه‌ها و افراد مختلفی رد و انکار شد.

- هرودیس پادشاه هنگامی که عیسای مسیح تنها یک طفل بود قصد جانش را داشت (متی ۱۶:۲).
- مردم روستای ناصره از سخنان عیسای مسیح خشمگین شدند. (مرقس ۳:۶ و متی ۵۳:۱۲-۵۸) و سعی کردند، او را از کوه پایین انداخته و بکشند. (لوقا ۲۸:۴-۳۰)
- اعضای خانواده‌اش به او اتهام دیوانگی زدند (مرقس ۲۱:۳).
- بسیاری از پیروانش او را تنها گذاشتند (یوحنا ۶۶:۶).

- عده‌ای از مردم سعی کردند او را سنگسار کنند (یوحنا ۳۱:۱۰).
- رهبران مذهبی نقشهٔ قتلش را کشیدند (یوحنا ۵۰:۱۱).
- یهودا یکی از دوازده شاگردش به او خیانت کرد (مرقس ۴۳:۱۴-۴۵؛ متی ۱۴:۲۶-۱۶؛ لوقا ۱:۲۲-۶؛ یوحنا ۲:۱۸ و ۳).
- پطرس، اصلی‌ترین شاگرد عیسای مسیح، سه مرتبه رابطهٔ خود را با او انکار کرد (مرقس ۶۶:۱۴-۷۲؛ متی ۶۹:۲۶-۷۵؛ لوقا ۵۴:۲۲-۶۲؛ یوحنا ۱۸).
- عدهٔ کثیری از مردم در اورشلیم، شهری که چند روز قبل با شادمانی به‌عنوان مسیح موعود به عیسای ناصری خوشامد گفته بودند؛ از فرمانروا خواستند که او را بر صلیب کند (مرقس ۱۲:۱۵-۱۵؛ لوقا ۱۸:۲۳-۲۳؛ یوحنا ۱۵:۱۹).
- او را کتک زدند، بر او آب دهان انداختند و رهبران مذهبی هم او را تحقیر و تمسخر کردند (مرقس ۶۵:۱۴؛ متی ۶۷:۲۶ و ۶۸).
- نگهبانان و سربازان رومی، عیسای مسیح را تمسخر کرده و کتک زدند (مرقس ۱۶:۱۵-۲۰؛ متی ۲۷:۲۷-۳۱؛ لوقا ۶۳:۲۲-۶۵ و ۱۱:۲۶).
- مسیح در مقابل دادگاه‌های یهودی و رومی با اتهامات دروغین، محکوم به مرگ شد (مرقس ۵۳:۱۴-۶۵؛ متی ۵۷:۲۶-۶۷؛ یوحنا ۲۸:۱۸).
- مسیح را مصلوب کردند، او به خفت‌بارترین روش توسط رومیان اعدام شد، یهودیان معتقد بودند شخصی که مصلوب می‌شود، ملعون خداست (تثنیه ۲۳:۲۱).
- مسیح به‌نحوی اهانت‌آمیز بین دو راهزن بر صلیب شد تا عذابِ مرگ‌بار صلیب را متحمل شود (مرقس ۲۱:۱۵-۳۲؛ متی ۳۲:۲۷-۴۴؛ لوقا ۳۲:۲۳-۳۶؛ یوحنا ۲۳:۱۹-۳۰).

واکنش مسیح نسبت به رانده شدن از سوی دیگران

هنگامی که این راندگی‌ها را در نظر می‌گیریم، درک می‌کنیم که مسیح هرگز دست به خصومت و خشونت نزد. او به دنبال انتقام نبود.

گاهی مسیح صرفاً به اتهاماتی که علیه او مطرح می‌کردند پاسخ نمی‌داد، شناخته شده‌ترین مورد هنگامی است که قبل از صلیب او را متهم ساختند (متی ۱۴:۲۷). کلیسای اولیه این عملکرد مسیح را به‌عنوان محقق شدن یک نبوت مسیحایی تعبیر می‌کردند که این نبوت می‌گوید:

> زار و ستم دید، اما دهان نگشود؛ همچون بره‌ای که برای ذبح می‌برند، و چون گوسفندی که نزد پشم‌برنده‌اش خاموش است، همچنان دهان نگشود (اشعیا ۷:۵۳).

در مواقعی دیگر، زمانی که عیسای مسیح را به چالش می‌کشیدند تا خود را اثبات کند؛ او حاضر به انجام [خواست آن‌ها] نشد و پرسش‌هایی را مطرح می‌کرد (به‌عنوان مثال متی ۲۴:۲۱ و ۱۵۰:۲۰-۲۲).

مسیح اهل ستیزه نبود، علی‌رغم اینکه عدهٔ زیادی سعی کردند با او به بحث و نزاع بپردازند:

> نزاع نخواهد کرد و فریاد نخواهد زد؛ و کسی صدایش را در کوچه‌ها نخواهد شنید. نیِ خردشده را نخواهد شکست و فتیلهٔ نیم‌سوخته را خاموش نخواهد کرد، تا عدالت را به پیروزی رساند (متی ۱۹:۱۲-۲۰ از کتاب اشعیا ۱:۴۲-۴ نقل‌قول می‌کند).

هنگامی که مردم قصد کشتن یا سنگسار او را داشتند، صرفاً از آنجا به محل دیگری می‌رفت (لوقا ۳۰:۴)؛ به‌جز اتفاقات پیرامون صلیب که عیسای مسیح با میل و ارادهٔ خود به‌سوی مرگ پیش رفت.

نکتهٔ واکنش‌های مسیح در این است که او راندگی را تجربه کرد و وسوسه شد، اما توانست بر این وسوسه غالب آید و اسیر راندگی‌های مردم نشد. نامه به عبرانیان، جمع بندی هست از واکنش‌هایی که عیسای مسیح داشته:

> زیرا کاهن اعظم ما چنان نیست که نتواند با ضعف‌های ما همدردی کند، بلکه کسی است که از هر حیث همچون ما وسوسه شده است، بدون اینکه گناه کند. (عبرانیان ۱۵:۴).

تصویری که از عیسای مسیح در اناجیل می‌بینیم، شخصی است که کاملاً از خود اطمینان دارد و کمبود اعتمادبه‌نفسی در او نیست. او اهل انتقام نبود و احساس نمی‌کرد باید دشمنان و مخالفان خود را نابود کند. همچنین، او چهارچوب الهیاتی را به شاگردانش تعلیم داد تا بدانند چگونه به طردشدگی از سوی دیگران پاسخ دهند. عناصر کلیدی این تعلیمات الهیاتی در ادامهٔ فصل توضیح داده خواهد شد.

دو روایت از طردشدگی از سوی دیگران

فوق‌العاده است که مسیح و محمد، بنیان گذاران دو دین بزرگ، هر دو در زندگی به‌شدت از سوی دیگران پس‌زده شدند. این روند مشترک از شرایط تولد آن‌ها و دوران طفولیت تا رابطهٔ آن‌ها با اعضای خانواده و مقامات مذهبی دوران ادامه پیدا کرد. هر دو به جنون متهم شدند و عده‌ای اعلام کردند که آن‌ها تحت هدایت نیروهای شریر قرار دارند. هر دو نفر، مورد اهانت و تمسخر قرار گرفتند. به هر دو خیانت شد و جان هردوی آن‌ها تهدید شد.

اما تفاوت‌های منحصربه‌فرد و شگفت‌انگیز میان مسیح و محمد، بر شباهت‌های آن‌ها سایه می‌افکند؛ چراکه تفاوت‌های میان مسیح و محمد، تأثیرات عمیقی بر شکل‌گیری مسیحیت و اسلام داشته‌اند. جایی که زندگی محمد دامنهٔ کاملی از واکنش‌های رایج انسانی در مقابل طردشدگی را به نمایش می‌گذارد، مانند کمبود اعتمادبه‌نفس، تأیید خویشتن و خشونت؛ لیکن زندگی مسیح، برخلاف زندگی محمد و واکنش‌های رایج انسانی پیش رفت. مسیح به‌جای انکار دیگران، با پذیرش پس‌زده شدن از سوی مردم، قدرت طردشدگی را مغلوب ساخت؛ بنابراین طبق ایمان مسیحیان، عیسای مسیح توانست بر قدرت طردشدگی بشر پیروز شود و شفا را به ارمغان آورد. اگر زندگی محمد کلید درک اسارت یعنی میراث روحانی دین اسلام باشد؛ زندگی عیسای مسیح کلید رهایی را برای افرادی به ارمغان می‌آورد که اسلام را ترک می‌کنند. همچنین عامل رهایی برای مسیحیانی است که در حکومت اسلامی زندگی می‌کنند.

در بخش‌های بعدی خواهیم دید عیسی چگونه پس‌زده شدن از سوی مردم را تحت مأموریت خود به‌عنوان مسیح و منجی جهان اجتناب ناپذیر می‌دید. و چگونه زندگی مسیح و صلیب او می‌تواند ما را از پیامدهای تلخ طردشدگی نجات بخشد.

پذیرش طردشدگی از سوی دیگران

مسیح به‌وضوح نشان داد طردشدگی از سوی مردم، بخش مهمی از مأموریت او به‌عنوان منجی آمده از سوی خدا است. نقشه خدا این بود که از طردشدگی مسیح، به‌عنوان یکی از سنگ بناهای اساسی برای ساختن معبد تازهٔ خود استفاده کند:

> سنگی که معماران رد کردند مهم‌ترین سنگ بنا شده است! (مرقس ۱۲:۱۰ از مزمور ۱۱۸:۲۲-۲۳ نقل‌قول می‌کند؛ به‌علاوه، متی ۲۱:۴۲ را ببینید)

به‌عنوان مثال طبق اول پطرس ۲:۲۱ (اعمال ۸:۳۲-۳۵) عیسی به خادم مطرود و رنجبری تبدیل شد که اشعیا دربارهٔ او نبوت کرده، کسی که مردم می‌توانند در او از گناهانشان نجات و شفا یابند:

> خوار و مردود نزد آدمیان،
> مرد دردآشنا و رنجدیده.
> ....
>
> آنکه به سبب نافرمانی‌های ما بدنش سوراخ شد،
> و به جهت تقصیرهای ما لِه گشت؛
> تأدیبی که ما را سلامتی بخشید بر او آمد،
> و به زخمهای او ما شفا می‌یابیم. (اشعیا ۵۳:۳-۵)

صلیب نقطهٔ عطف نقشهٔ خداوند بود و عیسای مسیح، بارها و بارها به این اشاره کرد که باید رنج بکشد و برای گناهان بشر کشته شود:

آنگاه عیسی به تعلیم دادن آن‌ها آغاز کرد که لازم است پسر انسان زحمتِ بسیار بیند و از سوی مشایخ و سران کاهنان و علمای دین رد شده، کشته شود و پس از سه روز برخیزد. چون عیسی این را آشکارا اعلام کرد... (مرقس ۸:۳۱-۳۲ و ۱۰:۳۲-۳۴؛ متی ۱۶:۲۱ و ۱۷:۱۹-۲۰ و ۲۶:۲؛ لوقا ۱۸:۳۱؛ یوحنا ۱۲:۲۳).

رد کردن خشونت

عیسای مسیح دقیق و مرتباً و حتی هنگامی که پای جانش در میان بود، استفاده از خشونت را برای رسیدن به اهداف، محکوم کرد:

امّا عیسی به او فرمود: شمشیر خود در نیام کن؛ زیرا هر که شمشیر کِشد، به شمشیر نیز کشته شود (متی ۲۶:۵۲).

هنگامی که عیسای مسیح به سمت صلیب می‌رفت، حاضر نشد از خشونت برای اثبات حقانیت رسالت خود استفاده کند، با وجود اینکه به قیمت جانش تمام شد:

عیسی پاسخ داد: «پادشاهی من از این جهان نیست. اگر پادشاهی من از این جهان بود، خادمانم می‌جنگیدند تا به دست یهودیان گرفتار نیایم. امّا پادشاهی من از این جهان نیست.» (یوحنا ۱۸:۳۶)

هنگامی که عیسی دربارهٔ رنجی که کلیسای آینده پیش‌رو داشت سخن می‌گفت، راجع‌به آوردن شمشیر سخن گفت:

گمان مبرید که آمده‌ام تا صلح به زمین بیاورم. نیامده‌ام تا صلح بیاورم، بلکه تا شمشیر بیاورم! (متی ۱۰:۳۴)

گاهی مردم می‌گویند این آیه شاهدی کافی است تا نشان دهد مسیح مجوز خشونت را صادر کرده؛ اما می‌دانیم که این آیه به جدایی بین خانواده‌ها اشاره می‌کند، هنگامی که شخصی به‌خاطر ایمان به مسیح از خانواده‌اش طرد می‌شود. آیات موازی در انجیل لوقا به‌جای شمشیر از کلمهٔ جدایی استفاده کرده‌اند (لوقا ۱۲:۵۱). شمشیر در اینجا نمادین است و به فاصله و جدایی اعضای خانواده از یکدیگر اشاره می‌کند. تعبیر دیگر می‌تواند با دیدگاه وسیع‌تر دربارهٔ رنجی که مسیحیان پیش‌رو داشتند صورت گیرد؛ یعنی شمشیر در اینجا ممکن است به آزار مسیحیان اشاره داشته باشد؛ در این صورت، شمشیر به خشونت علیه مسیحیان به‌خاطر شهادتشان اشاره دارد و به معنای شمشیر کشیدنِ مسیحیانْ علیه سایرین نمی‌باشد.

اجتناب از خشونت، خلاف باورهای مردم دربارهٔ مسیح بود، چراکه وعده داده شده بود مسیح خواهد آمد و قوم خدا را نجات خواهد داد. مردم امیدوار بودند این نجات به‌واسطهٔ قدرت نظامی و سیاسی و همچنین روحانی محقق شود؛ اما مسیح حاضر به استفاده از قدرت نظامی نبود. او همچنین اعلام کرد پادشاهی او یک پادشاهی سیاسی نیست، بنابراین فرمود: «پادشاهی من از این جهان نیست.» او تعلیم داد که مردم باید مال قیصر

را به قیصر و مال خدا را به خدا بدهند (متی ۲۲:۲۱). او فرمود پادشاهی خدا محلی دنیوی و فیزیکی نیست؛ بلکه در میان مردم قرار دارد (لوقا ۱۷:۲۱).

هنگامی که شاگردان مسیح بر سر اینکه چه کسی در پادشاهی خدا برتر است، بحث می‌کردند؛ عیسای مسیح به آن‌ها فرمود پادشاهی خدا مثل پادشاهی‌های سیاسی‌ای نیست که برای آن‌ها آشناست و در آن عده‌ای بر دیگران برتری دارند و یا از سایرین بزرگ‌تر هستند. مسیح فرمود برای اینکه اولین باشند باید آخرین باشد (متی ۲۰:۱۶ و ۲۷). او فرمود پیروانش باید به دنبال خدمت به سایرین باشند؛ نه اینکه در پی این باشند که دیگران آن‌ها را خدمت کنند (مرقس ۱۰:۴۳؛ متی ۲۰:۲۶-۲۷).

کلیسای اولیه با دل‌وجان از تعلیم مسیح دربارۀ اجتناب از خشونت پیروی می‌کردند. به‌عنوان مثال: ایمان‌داران قرن اول میلادی، حاضر نبودند مشاغلی مانند سربازان داشته باشند و اگر یک سرباز مسیحی می‌شد، دیگر اجازه نداشت کسی را بکشد.

دشمنان خود را محبت کنید

یکی از روش‌های آسیب‌زا در واکنش به پس‌زده شدن از سوی سایرین، خشونت‌ورزی است. خشونت‌ورزی ممکن است به‌واسطۀ خصومت ناشی از طردشدگی حاصل شود. علی‌رغم همۀ این‌ها، مسیح تعالیمی فوق‌العاده ارائه کرده است:

- انتقام‌جویی پذیرفته نیست - اعمال شریرانه باید با اعمال نیکو پاسخ داده شود؛ نه با مقابله به مثل (متی ۵:۳۸-۴۲).
- قضاوت کردن دیگران اشتباه است (متی ۷:۱-۵).
- نباید از دشمنانمان متنفر باشیم؛ بلکه باید آن‌ها را محبت کنیم (متی ۵:۴۴).
- حلیمان زمین را به ارث می‌برند (متی ۵:۵).
- صلح جویان فرزندان خدا نامیده می‌شوند (متی ۵:۹).

این تعلیمات کلماتی نبودند که شاگردان صرفاً بشنوند و سپس فراموش کنند. پیروان مسیح در رساله‌ها و نامه‌های خود که در عهد جدید قرار دارد، به‌وضوح نشان دادند که این اصول و تعالیم مسیح حتی در سختی‌ها، مخالفت‌ها و جفاهای بسیار، چراغ راه و راهنمای آن‌ها بوده است:

> «ما تا همین دَم گرسنه و تشنه‌ایم و جامه‌هایمان مندرس است. کتک‌خورده و آواره‌ایم. با دسترنج خود معاشمان را تأمین می‌کنیم. چون لعن مان کنند، برکت می‌طلبیم؛ و چون آزار بینیم، تحمّل می‌کنیم؛ وقتی ناسزا می‌شنویم، با مهربانی پاسخ می‌دهیم... .»
>
> (اول قرنتیان ۴:۱۱-۱۳؛ اول پطرس ۳:۱۰؛ تیتوس ۳:۱-۲؛ رومیان ۱۲:۱۴-۲۱).

شاگردانْ الگوی مسیح را به ایمان‌داران نشان دادند(اول پطرس ۲:۲۱-۲۵). واضح است که فرمودهٔ مسیح: «دشمنان خود را محبت کنید.» (در متی ۵:۴۴)؛ بیش از هر جملهٔ دیگری در نامه‌های شاگردان نقل‌قول شده است.

خود را برای جفا آماده کنید

عیسای مسیح به شاگردانش تعلیم داد که جفا کشیدن ایشان، امری حتمی خواهد بود؛ بنا بود آن‌ها شلاق بخورند و مورد نفرت و خیانت قرار گیرند و حتی کشته شوند (متی ۹:۱۳-۱۳؛ لوقا ۲۱:۱۲-۱۹؛ متی ۱۰:۱۷-۲۳).

هنگامی که مسیح، شاگردانش را آماده می‌ساخت تا پیغام انجیل را به سرتاسر جهان برسانند؛ به آن‌ها هشدار داد که از سوی عدهٔ بسیاری پس‌زده خواهند شد. در تضاد با آموزه‌های محمد که به مسلمانان آموخته تا آزار و اذیت مشرکین را با خشونت و کشتار پاسخ دهند؛ مسیح به شاگردان خود را تعلیم داد تا خاک پاهای خود را بتکانند و از محلی که مردمش پذیرای آن‌ها نیستند بروند. به زبان ساده: شاگردان مسیح بایستی به راه خود ادامه دهند و هیچ امر ناپاک و شَری، مانند کینه با خود حمل نکنند (مرقس ۶:۱۱؛ متی ۱۰:۱۴). شاگردان مسیح نباید تلخی به دل می‌گرفتند تا سلامشان به خود بازگردد.(متی ۱۰:۱۳و۱۴).

عیسای مسیح هنگامی که روستایی در سامره حاضر به پذیرش او نشد، سرمشقی از خود برای شاگردانش به‌جا گذاشت. شاگردانش از او پرسیدند آیا مایل است از آسمان آتش ببارد تا آن روستا نابود شود؟ اما عیسی شاگردانش را توبیخ کرد و به راه خود ادامه داد (لوقا ۹:۵۴-۵۶).

عیسی شاگردان خود را تعلیم داد تا درصورتی‌که مورد آزار قرار گرفتند، به شهر دیگری بروند (متی ۱۰:۲۳). آن‌ها نباید نگران می‌بودند، چراکه روح‌القدس ایشان را برای سخن گفتن یاری می‌نمود (متی ۱۰:۱۹و۲۰؛ لوقا ۱۲:۱۱-۱۵ و ۲۱:۱۴ و ۱۵). عیسای مسیح همچنین شاگردان را تعلیم داد که نترسند (متی ۱۰:۲۶-۳۱).

یکی از تعالیم منحصربه‌فرد مسیح این بود که شاگردانش باید به‌خاطر آزارها شادمان باشد؛ چراکه پیامبران هم مانند آنان آزارها دیده‌اند:

> خوشا به حال شما، آنگاه‌که مردم به‌خاطر من، شمارا دشنام دهند و آزار رسانند و هر سخن بدی به‌دروغ علیه تان بگویند. خوش باشید و شادی کنید زیرا پاداش تان در آسمان عظیم است. چراکه همین‌گونه پیامبرانی را که پیش از شما بودند، آزار رساندند (متی ۵:۱۱-۱۲).

شواهد زیادی وجود دارد که نشان می‌دهد کلیسای اولیه، این پیغام را به‌عنوان بخشی از تعهدشان به عیسای مسیح، با دل و جان پذیرفتند:

حتی اگر در راه حق رنج دیدید، خوشا به حالتان! (اول پطرس ۳:۱۵؛ دوم قرنتیان ۱:۵؛ فیلیپیان ۲:۱۷-۱۸؛ اول پطرس ۴:۱۲-۱۴)

عیسی همچنین شاگردان خود را با امید داشتن هنگام تحمل آزارها تشویق کرد. او اعلام کرد شاگردانش عطای حیات جاویدان را دریافت خواهند کرد؛ اما برای این امر، شاگردان مسیح بایستی در این جهان به تعالیم خداوندْ وفادار بمانند (مرقس ۱۰:۲۹-۳۰ و ۱۳:۱۳).

مصالحه

در آموزه‌های مسیحیت، مشکل اصلی بشریت گناه است که در اصل باعث جدایی انسان از خدا، و همچنین باعث جدایی میان انسان‌ها شده است. مسئلهٔ گناه صرفاً موضوع فرمان‌برداری نیست. گناه، رابطهٔ انسان با خدا را مخدوش ساخته است. هنگامی که آدم و حوا از فرمان خدا سرپیچی کردند و از او رویگردان شدند، تصمیم گرفتند به‌جای اعتماد به خدا، از مار اطاعت کنند. آدم و حوا به خدا پشت نموده و او را انکار و رابطه خود را با خدا قطع کردند. از این‌رو خدا آن‌ها را از باغ عدن و از حضور خود اخراج کرد. در نتیجه، نسل بشر زیر لعنت سقوط در گناه قرار گرفت.

در تاریخچهٔ قوم اسرائیل، خدا از طریق موسی، با قوم خود عهد بست تا رابطهٔ بشریت با او احیا شود؛ اما قوم خدا از فرامین او سرپیچی کردند و راه خود را در پیش گرفتند. قوم اسرائیل در نافرمانی خود، رابطه با خدا را رد و انکار کردند و تحت داوری خدا قرار گرفتند، اما خدا آن‌ها را رد نکرد؛ بلکه برای شفا و نجات قوم خود نقشه‌ای داشت. خداوند برای نجات قوم خود و کل جهان نقشه‌ای عجیب داشت.

با وجود اینکه انسان‌ها خدا را انکار کردند، اما او در نهایت بشریت را طرد نکرد. قلب خداوند نسبت به بشری که خلق کرده، مشتاق بود و نقشه‌ای برای مصالحه با آن‌ها داشت. جسم شدن و به صلیب کشیده شدن عیسای مسیح، به کمال رسیدن این نقشه در راستای شفا و احیای تمام بشریت و احیای رابطهٔ انسان باخدا است.

صلیب مسیح در شکست دادن مشکل عمیق طردشدگی انسان از خدا و داوری که به بار می‌آورد، نقشی کلیدی دارد. اینکه مسیحْ رانده شدن از جانب مردم را پذیرا می‌شود - راندگی حتی تا به صلیب - کلیدی برای مغلوب ساختن طردشدگی می‌شود. قدرت طردشدگی از سوی دیگران، در احساسی نهفته است که به‌خاطر این راندگی در دل ما برانگیخته می‌شود. مسیح با پذیرش نفرت مخالفین خود و تقدیم جانش به‌عنوان فدیه و قربانی برای گناهان بشر، توانست قدرت طردشدگی و راندگی را به‌واسطهٔ محبت الهی‌اش مغلوب سازد. محبتی که مسیح بر صلیب به نمایش گذاشت، همان محبت خداست برای جهانی که خلق کرده است:

> زیرا خدا جهان را آنقدر محبت کرد که پسر یگانهٔ خود را داد تا هر که به او ایمان آوَرَد هلاک نگردد، بلکه حیات جاویدان یابد (یوحنا ۳:۱۶).

مسیح با مرگ بر روی صلیب، مجازاتی را بر خود گرفت که تمام بشریت بابت پَس زدن خداوند لایقش بود. مجازات این گناه، مرگ بود و مسیح به‌جای آدمیان بر صلیب مرد تا هر کس به او ایمان آورد بتواند از بخشش و حیات جاویدان برخوردار شود. از این طریق مسیح، قدرت راندگی آدمیان را مغلوب ساخت و فدیهٔ آن را پرداخت.

در تورات، فدیهٔ گناه ریخته شدن خون حیوانات بود. این نماد در درک مفهوم مرگ مسیح بر صلیب به کار گرفته می‌شود. این حقیقت در غزل اشعیا راجع‌به خادم رنج‌دیده خداوند آورده شده است:

> تأدیبی که ما را سلامتی بخشید بر او آمد، اما خواست خداوند این بود که او را لِه کرده، به دردها مبتلا سازد. چون جان خود را قربانی گناه ساخت، زیرا گناهان ایشان را بر خویشتن حمل خواهد کرد او جان خویش را به کام مرگ ریخت، و از خطاکاران شمرده شد؛ او گناهان بسیاری را بر دوش کشید، و برای خطاکاران شفاعت می‌کند. (اشعیا ۵۳:۵، ۱۰ و ۱۲)

پولس در کلامی قدرتمند که در نامهٔ رومیان وجود دارد، توضیح می‌دهد که فدیهٔ مسیح، چگونه قدرت سرکشی و راندگی را می‌شکند و به ما قدرت مصالحه می‌بخشد:

> زیرا اگر هنگامی که دشمن بودیم، به‌واسطهٔ مرگ پسرش باخدا آشتی داده شدیم، چقدر بیشتر اکنون‌که در آشتی هستیم، به‌وسیلهٔ حیات او نجات خواهیم یافت. نه‌تنها این، بلکه ما به‌واسطهٔ خداوندمان عیسای مسیح که توسط او از آشتی برخورداریم، در خدا نیز فخر می‌کنیم. (رومیان ۵:۱۰-۱۱)

این آشتی یا مصالحه بر تمام محکومیت‌ها از سوی سایر انسان‌ها، فرشتگان و حتی ارواح پلید برتری دارد (رومیان ۸:۳۸):

> زیرا یقین دارم که نه مرگ و نه زندگی، نه فرشتگان و نه ریاست‌ها، نه چیزهای حال و نه چیزهای آینده، نه هیچ قدرتی و نه بلندی و نه پستی و نه هیچ‌چیز دیگر در تمامی خلقت، قادر نخواهد بود ما را از محبت خدا که در خداوند ما مسیحْ عیسی است، جدا سازد. (رومیان ۸:۳۳-۳۹)

نه‌تنها این‌چنین است؛ بلکه مسیحیان قدرت خدمت آشتی و مصالحه را از طریق جاری ساختن صلح و اعلام پیغام صلیب و قدرت آن برای نابود کردن قدرت راندگی در اختیار دارند:

> اینها همه از خداست که به‌واسطهٔ مسیح ما را با خود آشتی داده و خدمت آشتی را به ما سپرده است. به دیگر سخن، خدا در مسیح جهان را با خود آشتی می‌داد و گناهان مردم را به حسابشان نمی‌گذاشت و پیام آشتی را به ما سپرد. پس سفیران مسیح هستیم، به‌گونه‌ای که خدا از زبان ما شمارا به آشتی می‌خوانَد. ما از جانب مسیح از شما استدعا می‌کنیم که باخدا آشتی‌کنید. (دوم قرنتیان ۵:۱۸-۲۰)

رستاخیز

یکی از جریانات دائمی در وحی محمد و احادیث او، تمایلش برای معتبر جلوه دادن خود بوده است. او دشمنان خود را مجبور کرد که تسلیم اعتقاداتش شده و زیر سلطهٔ رهبری و حکومت وی قرار بگیرند و یا ایشان را مجبور کرد پذیرای ذمه باشند تا بتواند خود را اعتبار ببخشد. انتخاب سوم برای دشمنان محمد، مرگ بود.

در فهم و باور مسیحیت راجع‌به مأموریت مسیح،اگرچه اعتبار و تأیید وجود دارد، لیکن مسیحْ این اعتبار را برای [منافع شخصی] خود نمی‌خواهد. نقش منجی رنجبر این بود که فروتن شود و سرکشی آدمیان را بپذیرد. اعتبار مسیح، از طریق رستاخیز و صعودش به آسمان تأیید شد؛ چراکه موت قدرتش، با مصلوب شدن و رستاخیز مسیح، شکسته شد.

> ... جان او در هاویه وانهاده نشود و پیکرش نیز فساد نبیند. خدا همین عیسی را برخیزانید و ما همگی شاهد بر آنیم. او به دست راست خدا بالابرده شد و از پدر، روح القدس موعود را دریافت کرده، این را که اکنون می‌بینید و می‌شنوید ... خدا این عیسی را که شما بر صلیب کشیدید، خداوند و مسیح ساخته است. (اعمال رسولان ۲:‏۳۱-۳۶)

سخنان مشهوری در نامهٔ پولس به فیلیپیان وجود دارد که نشان می‌دهد مسیح چگونه، خود را فروتن کرد تا نقش غلامی را بپذیرد. مسیح حتی تا به مرگ خدا را اطاعت کرد؛ اما خدا او را در مقام حاکم مطلق روحانی جلال داد. این پیروزی به‌خاطر تلاش مسیح، به دست نیامد بلکه از سوی خدای پدر و به‌واسطهٔ فدیهٔ عظیم مسیح بر صلیب بود که جلالش داد:

> همان طرز فکر را داشته باشید که مسیحْ عیسی داشت: او که همذات با خدا بود، از برابری با خدا به نفع خود بهره نجست، بلکه خود را خالی کرد و ذات غلام پذیرفته، به شباهت آدمیان درآمد.
>
> و چون در سیمای بشری یافت شد خود را خوار ساخت و تا به مرگ، حتی مرگ بر صلیب مطیع گردید.
>
> پس خدا نیز او را به‌غایت سرافراز کرد و نامی برتر از همهٔ نام‌ها بدو بخشید تا به نام عیسی هر زانویی خم شود ... (فیلیپیان ۲:‏۴-۱۰)

شاگردی صلیب

برای مسیحیان پیروی از مسیح، به معنی سهیم شدن در مرگ و رستاخیز او است. عیسای مسیح و پیروانش، بارها بر الزام سهیم شدن در مرگ مسیح تأکید ورزیده‌اند؛ یعنی باید روش کهنه و قدیمی زندگی خود را کشته و به مرگ بسپاریم و تولد تازه را دریافت کنیم؛ باید رستاخیز کنیم تا بتوانیم بر اساس حیات تازه‌ای زیست کنیم که در طریق محبت و آشتی مسیح از آن برخورداریم. پس دیگر نه برای نَفْس، بلکه برای خدا زندگی می‌کنیم.

مسیحیان تجربهٔ رنج و جفا را به‌عنوان راهی برای مشارکت در رنج‌های مسیح می‌شناسند. از این طریق، مسیحیان رنج زندگی خود را به‌عنوان راهی به سمت دریافت حیات ابدی می‌دانند. برای مسیحیان، رنج و مشقت نشانهٔ شکست نیست؛ بلکه نشانهٔ آن پیروزی است که در آینده نصیبشان می‌شود. خداست که ایمان‌داران را اعتبار و جلال می‌بخشد؛ اما او این کار را از طریق خشونت و قدرت‌های این جهان انجام نمی‌دهد:

> اگر کسی بخواهد مرا پیروی کند، باید خود را انکار کرده، صلیب خویش برگیرد و از پی من بیاید؛ زیرا هر که بخواهد جان خود را نجات دهد، آن را از دست خواهد داد؛ امّا هر که به‌خاطر من و به‌خاطر انجیل جان خود را از دست بدهد، آن را نجات خواهد داد. (مرقس ۸:۳۴-۳۵؛ اول یوحنا ۳:۱۴ و ۱۶؛ دوم قرنتیان ۵:۱۴-۱۵؛ عبرانیان ۱۲:۱-۲)

محمد در تقابل با صلیب

با توجه به آنچه آموختیم و با دانستن اینکه در جهانی پر از جنگ روحانی زیست می‌کنیم، نباید از اینکه محمد از صلیب نفرت داشته، شگفت‌زده شویم. حدیثی هست که می‌گوید: «اگر محمد در خانه‌اش چیزی پیدا می‌کرد که نشانی از صلیب روی آن قرار داشت، بلافاصله آن را نابود می‌کرد.»[9]

همان‌طور که در فصل سوم دیدیم نفرت محمد از صلیب تا حدی بود که تعلیم می‌داد، عیسی به‌عنوان پیغمبر اسلام، به زمین بازمی‌گردد تا هر صلیب و هر مسیحی را از روی زمین محو کند.

امروزه بسیاری از مسلمانان در دشمنی محمد با صلیبْ سهیم هستند. در نقاط زیادی از جهان، مردم از صلیب‌های مسیحیان متنفرند، آن‌ها را ممنوع می‌دانند و در صورت مشاهده، صلیب‌ها را نابود می‌کنند.

این نفرت از صلیب تا حدی است که اسقف اعظم کانتِربِری، جُرج کری، مجبور شد در هنگام توقف کوتاهی که در سال ۱۹۹۵ در عربستان سعودی داشت، صلیبش را از گردن خود باز کند. دوید اسکیدمور در خبرنامهٔ کلیسای اسقفی انگلستان این اتفاق را شرح داده است:

> «پرواز کَری از قاهره به سودان، ناچاراً با توقفی در عربستان مواجه شد. در ورود به شهر ساحلی جده در نزدیکی دریای سرخ، به کَری گفته شد باید تمام نمادهای مذهبی که شامل صلیب اسقفی او می‌شد را از گردن خود باز کند.»

اما علی‌رغم نفرت مسلمانان از صلیب، این علامت برای مسیحیانْ نشانهٔ آزادی و رهایی است.

---

۹ دبلیو. مویر، زندگی نامهٔ محمد، جلد سوم صفحهٔ ۶۱، متن ۴۷.

در این قسمت دعایی را برای تعهد به پیروی از عیسای مسیح در نظر می‌گیریم، به برخی شهادت‌ها در زمینهٔ رهایی می‌پردازیم و دعایی را دربارهٔ رهایی از اسارت اسلام و پیمان شَهادَتِین در پیش‌رو خواهیم. این دعاها مخصوصاً برای افرادی است که مایل هستند اسلام را ترک و عیسای ناصری را پیروی کنند؛ و البته، این دعاها برای افرادی کاربرد دارد که به مسیح ایمان آورده‌اند و مایل هستند رهایی خود را از قدرت‌ها و اصول اسلامی به دست بیاورند و اعلام نمایند.

پیروی از مسیح

دعوت شده‌اید تا با خواندن این دعا با صدای بلند، تعهدتان به عیسای مسیح را تأیید کنید. قبل از خواندن این دعا، نکات زیر را به دقت مرور کنید تا از معنی آنچه به زبان می‌آورید اطمینان حاصل کنید.

هنگام در نظر گرفتن این دعا، دقت کنید که دعای شما شامل مورد زیر می‌باشد:

۱. *دو اعتراف*

- من گناهکار هستم و نمی‌توانم خود را نجات دهم.
- تنها یک خدای خالق وجود دارد، کسی که پسر یگانهٔ خود، عیسای مسیح را، فرستاد تا جان خود را برای گناهان من تقدیم کند.

۲. *از تمام گناهانم رویگردان می‌شوم و از گناهانم و شرارت‌ها توبه می‌کنم.*

۳. *از خداوند بخشش، رهایی و حیات ابدی و روح القدس را طلب می‌کنم.*

۴. *به‌عنوان خداوند زندگی‌ام، با عیسای مسیح، عهد وفاداری می‌بندم.*

۵. *وعده و تقدس زندگی‌ام در خدمت به مسیح و اطاعت از اوست و زندگی‌ام را به مسیح تقدیم می‌کنم.*

۶. *هویت تازهٔ خود را در مسیح اعلام می‌کنم.*

اعلام وفاداری و دعای بستن عهد برای پیروی از عیسای مسیح

ایمان‌دارم که خداوند یکتاست، او خالق جهان و جهانیان، پدر آسمانی و قادر مطلق است.

تمام خدایان دروغین را انکار می‌کنم.

می‌دانم که علیه خدا و انسان‌ها گناه کرده‌ام؛ یعنی در مقابل خدا و احکام شریعت او سرکشی کردم.

نمی‌توانم خودم را از گناهان نجات دهم.

ایمان‌دارم عیسی، مسیح خدا است، او پسر یگانه و رستاخیز یافتهٔ خداست. مسیح بر صلیب جانش را برای من تقدیم کرد و جرم گناهانم را بر خود گرفت و سپس برای من از میان مردگان برخاست.

از گناهانم روی‌گردان می‌شوم و توبه می‌کنم.

عطای آمرزشی را می‌طلبم که مسیح بر صلیب، برایم به ارمغان آورده است.

همین حالا عطای آمرزش را از خدا دریافت می‌کنم.

انتخابم این است که خدا را به‌عنوان پدر آسمانی‌ام بپذیرم و مایلم فرزندخواندهٔ او باشم.

هدیهٔ حیات ابدی را می‌طلبم.

حقوق زندگی‌ام را به مسیح تقدیم می‌کنم و او را دعوت می‌کنم تا از امروز به بعد، خداوند زندگی من باشد و در زندگی‌ام سلطنت کند.

تمام تعهدات روحانی دیگری که داشته‌ام را انکار و باطل اعلام می‌کنم. به‌طور خاص شهادتین و تمام ادعاهایی که شهادتین علیه من دارد را انکار و باطل می‌کنم.

شیطان و تمام شرارت‌هایش را رد می‌کنم. تمام توافقاتی را که با ارواح پلید و قدرت‌های ظلمت داشته‌ام را انکار کرده و باطل می‌سازم.

هرگونه ارتباط ناپاک با افرادی که روی من اثر ناپاک گذاشته‌اند را باطل اعلام می‌کنم.

تمام عهدها و پیمان‌های ناپاکی که اجدادم به‌جای من بسته‌اند و امروزه روی من اثرگذار هستند را می‌شکنم و باطل اعلام می‌کنم.

هر قدرت ذهنی یا روحانی که از راهی جز از سوی خدا و از طریق مسیح به آن‌ها رسیده‌ام را انکار و باطل می‌کنم.

وعدهٔ عطای روح‌القدس را می‌طلبم.

خدای پدر، از تو استدعا دارم که من را رهایی بخشی و تبدیل سازی تا بتوانم تنها و فقط تو را جلال دهم.

ثمرهٔ روح‌القدس را در من جاری بساز تا بتوانم تو را احترام و دیگران را محبت کنم.

پیش چشم شاهدان بشری و قدرت‌های روحانی، خود را از طریق عیسای مسیح تقدیس کرده و اعلام می‌کنم که به خدا تعلق دارم.

اعلام می‌کنم که شهروند پادشاهی آسمانی هستم، خدا محافظ من است و به کمک روح‌القدس در تمام طول عمرم تسلیم و پیرو خداوند عیسای مسیح خواهم بود.

آمین

شهادت‌های رهایی

در این بخش شهادت‌های مردمی را می‌خوانیم که با استفاده از دعای این فصل، توانسته‌اند از اسارت‌ها رها شوند.

یک دورهٔ شاگردسازی

یک واحد خدمت مسیحی در آمریکای شمالی، دائماً تعلیماتی فشرده و جدی را برای مسیحیان با پیشینهٔ اسلام برگزار می‌کرد. برنامه‌ریز جلسات تعلیمی متوجه شد که بسیاری از شرکت‌کنندگان، در زمینهٔ شاگردی مسیح با مشکلات متعدد و دائمی مواجه هستند. آن‌ها متوجه شدند که در این کتاب، دعایی برای انکار و باطل ساختن شَهادَتین وجود دارد و تصمیم گرفتند از تمام شرکت‌کنندگان دعوت کنند تا در وحدت، اسلام را انکار و ترک کنند. شاگردان با شادمانی پذیرفتند. آن‌ها می‌پرسیدند: «چرا کسی تابه‌حال به ما توضیح نداده بود که باید اسلام را انکار کنیم؟ باید این کار را مدت‌ها قبل انجام می‌دادیم!» بعد از این رویداد، انکار اسلام، به یکی از بخش‌های اصلی دورهٔ تعلیمی این واحد خدمات مسیحی تبدیل شد.

مسیحیان خاورمیانه‌ای که شهادتین را انکار کردند

در اینجا دو شهادت از مسلمانانی که در خاورمیانه به مسیح ایمان آوردند و سپس شهادتین را انکار کردند می‌خوانیم:

> حقیقتاً احساس رهایی می‌کنم، انگار یوغی که به گردنم آویخته شده بود شکسته شده. این دعا فوق‌العاده است. احساس می‌کنم مثل یک حیوان در قفس بودم و حالا آزاد شدم، احساس رهایی می‌کنم.

> حقیقتاً به این دعا نیاز داشتم، انگار نویسنده می‌دانسته که در ذهنم چه می‌گذرد... هنگامی که بارها و بارها این دعا را تکرار کردم احساس آرامشی عجیب داشتم که کلمات از توصیف آن، قاصر است. انگار باری سنگینی از شانه‌هایم برداشته شده است و کاملاً رها شده‌ام. این احساس رهایی، فوق‌العاده است!

مواجهه با حقیقت

قدم اول برای انکار شهادتین (یا ذمه) این است که برخی از آیات کتاب مقدس را به‌خاطر بیاوریم. با این کار، حقیقتی را درک می‌کنیم که پایه و اساس دعای ما است. این مرحله را روبه‌رویی یا مواجهه با حقیقت می‌نامیم.

این آیات در اول یوحنا و انجیل یوحنا چه حقیقت روحانی‌ای را به ما تعلیم می‌دهند تا بتوانیم بر اساس ایمانمان به کلام خدا، دعا کنیم؟

پس ما محبتی را که خدا به ما دارد شناخته‌ایم و به آن اعتماد داریم. خدا محبت است و کسی که در محبت ساکن است، در خدا ساکن است و خدا در او (اول یوحنا ۱۶:۴).

زیرا خدا جهان را آن‌قدر محبت کرد که پسر یگانهٔ خود را داد تا هر که به او ایمان آوَرَد هلاک نگردد، بلکه حیات جاویدان یابد. (یوحنا ۱۶:۳)

این آیات تعلیم می‌دهند که محبت خداوند طردشدگی از سوی سایرین را مغلوب می‌سازد.

این آیات چه حقایق الهی را به ما تعلیم می‌دهند تا آن‌ها را بپذیریم و برای آن حقایق دعا کنیم؟

زیرا روحی که خدا به ما بخشیده، نه روح ترس، بلکه روح قوّت و محبت و انضباط است. (دوم تیموتائوس ۷:۱)

چراکه شما روح بندگی را نیافته‌اید تا باز ترسان باشید، بلکه روح پسرخواندگی را یافته‌اید که به‌واسطهٔ آن ندا در می‌دهیم: «اَبّا، پدر.» و روحْ خود باروح ما شهادت می‌دهد که ما فرزندان خداییم؛ و اگر فرزندانیم، پس وارثان نیز هستیم، یعنی وارثان خدا و هم ارث با مسیح؛ زیرا اگر در رنجهای مسیح شریک باشیم، در جلال او نیز شریک خواهیم بود.(رومیان ۸:۱۵-۱۷)

این آیات تعلیم می‌دهند که میراث ما نه در ترس، بلکه در خداوند قرار دارد.

این دو آیه چه حقایق روحانی را به ما تعلیم می‌دهند تا به آن‌ها ایمان داشته باشیم و برای آن حقایق دعا کنیم؟

مسیح فرمود: حقیقت را خواهید شناخت و حقیقت شمارا آزاد خواهد کرد. (یوحنا ۳۲:۸)

مسیح ما را آزاد کرد تا آزاد باشیم. پس استوار بایستید و خود را بار دیگر گرفتار یوغ بندگی مسازید. (غلاطیان ۱:۵)

این آیات تعلیم می‌دهند که ما از سوی خدا فراخوانده شدیم تا در آزادی زیست کنیم.

این ۲ آیه چه حقایق الهی را به ما تعلیم می‌دهند تا به آن‌ها ایمان داشته باشیم و برایشان دعا کنیم؟

آیا نمی‌دانید که بدن شما معبد روح القدس است که در شماست و او را از خدا یافته‌اید و دیگر از آنِ خود نیستید؟ به بهایی خریده شده‌اید، پس خدا را در بدن خود تجلیل کنید. (اول قرنتیان ۶:۱۹-۲۰)

آنان با خون بره بر او پیروز شده‌اند. (مکاشفه ۱۱:۱۲)

این آیات به ما تعلیم می‌دهند که بدن ما به خدا تعلق دارد نه به ظلم و ستم: مسیح با خون خود بهای آزادی ما را پرداخته است.

این آیه کتاب مقدس چه حقیقت الهی را به ما تعلیم می‌دهد تا آن را اعلام کرده و برایش دعا کنیم؟

دیگر نه یهودی معنی دارد نه یونانی، نه غلام نه آزاد، نه مرد نه زن، زیرا شما همگی در مسیحْ عیسی یکی هستید.

(غلاطیان ۳:۲۸)

این آیه به ما تعلیم می‌دهد که مردان و زنان، همگی در مقابل خدا یکسان هستند و هیچ گروهی بر دیگری برتری ندارد.

این ۳ بخش از کلام خدا چه حقیقت الهی را به ما تعلیم می‌دهد تا به آن ایمان داشته باشیم و برای آن در دعا باشیم؟

امّا خدا را سپاس که همواره ما را در مسیح، در موکب ظفر خود می‌بَرَد و رایحهٔ خوش شناخت او را به‌وسیلهٔ ما در همه‌جا می‌پراکَنَد؛ زیرا برای خدا رایحهٔ خوش مسیح هستیم، چه در میان نجات‌یافتگان و چه در میان هلاک شوندگان. (دوم قرنتیان ۲:۱۴-۱۵)

من جلالی را که به من بخشیدی، بدیشان بخشیدم تا یک گردند، چنانکه ما یک هستیم؛ من در آنان و تو در من. چنان کن که آنان نیز کاملاً یک گردند تا جهان بداند که تو مرا فرستاده‌ای، و ایشان را همان‌گونه دوست داشتی که مرا دوست داشتی. (یوحنا ۱۷:۲۲-۲۳)

عیسی فرمود: اگر کسی بخواهد مرا پیروی کند، باید خود را انکار کرده، هرروز صلیب خویش برگیرد و از پی من بیاید. (لوقا ۹:۲۳)

این آیات به ما تعلیم می‌دهد که هویت منحصربه‌فرد ما در حقارت نیست بلکه بر پیروزی مسیح، وحدتی که در محبت مسیح از آن برخوردار هستیم و صلیب مسیح بناشده است.

این آیات چه حقیقت الهی را به ما تعلیم می‌دهند تا آن‌ها را بپذیریم و برایشان در دعا باشیم؟

«عیسی فرمود: با این حال، من به شما راست می‌گویم که رفتنم به سود شماست؛ زیرا اگر نروم، آن مدافع نزد شما نخواهد آمد؛ امّا اگر بروم او را نزد شما میفرستم. چون او آید، جهان را مجاب خواهد کرد که به لحاظ گناه و عدالت و داوری، تقصیرکار است.» (یوحنا ۱۶:۷-۸)

«عیسی فرمود: امّا چون روحِ راستی آید، شمارا به‌تمامی حقیقت رهبری خواهد کرد» (یوحنا ۱۶:۱۳)

این آیات ما را تعلیم می‌دهند که از قدرت روح‌القدس برخوردار هستیم تا حقیقت را بر ما آشکار سازد.

این آیه چه حقیقتی را به ما تعلیم می‌دهد تا به آن ایمان داشته باشیم و برایش در دعا باشیم؟

«چشمان خود را بر قهرمان و مظهر کامل ایمان یعنی عیسی بدوزیم که به‌خاطر آن خوشی که پیشِ رو داشت، صلیب را تحمل کرد و ننگ آن را ناچیز شمرد و اکنون بر جانب راست تَخت خدا نشسته است.» (عبرانیان ۱۲:۲)

این آیه تعلیم می‌دهد که قدرت داریم تا مسیح را پیروی کنیم و شرم‌ها را مغلوب سازیم.

چه حقایق الهی در این آیه تعلیم داده می‌شود که بتوانیم به آن ایمان داشته باشیم و برایش در دعا باشیم؟

فقط مراقب و بسیار مواظبِ خویشتن باشید مبادا این چیزها را که چشمان شما دیده است از یاد ببرید، و مبادا اینها در همهٔ ایام عمرتان از دل شما بیرون رود؛ آن‌ها را به فرزندانتان و فرزندان فرزندانتان تعلیم دهید.(تثنیه ۴:۹)

این آیه به ما تعلیم می‌دهد که حق و مسئولیت داریم تا در زمینه‌های روحانی، تعلیم یابیم و همچنین باید فرزندانمان را در مسائل روحانی تعلیم دهیم.

چه حقایق الهی در این ۲ آیه تعلیم داده می‌شود تا آن‌ها را بپذیریم و برای آن‌ها در دعا باشیم؟

مرگ و زندگی در قدرت زبان است؛ آنان که دوستش می‌دارند، از میوه‌اش خواهند خورد. (امثال ۱۸:۲۱)

اکنون،ای خداوند، به تهدیدهای ایشان نظر کن و خادمان خود را عنایت فرما تا کلامت را با شهامت کامل بیان کنند... (اعمال ۴:۲۹)

محبت از بدی مسرور نمی‌شود، امّا با حقیقت شادی می‌کند. (اول قرنتیان ۱۳:۶)

آن‌که اقرار می‌کند عیسی پسر خداست، خدا در وی ساکن است و او در خدا (اول یوحنا ۴:۱۵)

پس این آزادگی خود را ترک مگویید، زیرا پاداشی عظیم در پی خواهد داشت. (عبرانیان ۱۰:۳۵)

این آیات به ما تعلیم می‌دهند که در مسیح قدرت داریم تا در محبت، حقیقت را شجاعانه اعلام کنیم.

این آیات چه حقیقت الهی را به ما تعلیم می‌دهند تا به آن‌ها ایمان داشته باشیم و برایشان در دعا باشیم؟

شهادت خدا بسی بزرگتر است، زیرا شهادتی است که خدا خود دربارهٔ پسرش داده است. (اول یوحنا ۹:۵)

با کلام شهادت خود پیروز شده‌اند. (مکاشفه ۱۱:۱۲)

این آیات به ما تعلیم می‌دهند که می‌توانیم بر کلام حقیقت ایمان داشته باشیم.

این آیات چه حقیقت روحانی را به ما تعلیم می‌دهند تا آن‌ها را دریافت کرده و برایشان در دعا باشیم؟

باری، در خداوند، و به پشتوانهٔ قدرت مقتدر او، نیرومند باشید. اسلحهٔ کامل خدا را بر تن کنید تا بتوانید در برابر حیله‌های ابلیس بایستید. (افسسیان ۶:۱۰-۱۱)

زیرا هرچند در این دنیا به سر می‌بریم، امّا به روش دنیوی نمی‌جنگیم. چراکه اسلحهٔ جنگ ما دنیوی نیست، بلکه به نیروی الهی قادر به انهدام دژهاست. ما استدلال‌ها و هر ادعای تکبّرآمیز را که در برابر شناخت خدا قد علم کند ویران می‌کنیم و هر اندیشه‌ای را به اطاعت از مسیح اسیر می‌سازیم (دوم قرنتیان ۵-۳:۱۰).

این آیات تعلیم می‌دهند که ما بی‌دفاع یا بی‌سلاح نیستیم؛ بلکه در مسیح به لحاظ روحانی از هر حیث مجهز هستیم.

این آیه ما را تعلیم می‌دهد تا به چه چیزی ایمان داشته باشیم و برای چه چیزی در دعا باشیم؟

ای برادرانِ من، هرگاه با آزمایش‌های گوناگون روبه‌رو می‌شوید، آن را کمال شادی بینگارید! (یعقوب ۲:۱ و فیلیپیان ۲۹:۱ را بخوانید)

این آیه به ما تعلیم می‌دهد که رنجی که در نام مسیح متحمل می‌شویم را کمال شادی بینگاریم.

این آیات چه حقیقتی را در کلام خدا تعلیم می‌دهند تا آن‌ها را بپذیریم و برایشان در دعا باشیم؟

مسیح فرمود: اکنون زمان داوری بر این دنیاست؛ اکنون رئیس این جهان بیرون افکنده می‌شود. و من چون از زمین برافراشته شوم، همه را به سوی خود خواهم کشید. (یوحنا ۳۱:۱۲-۳۲)

این آیات تعلیم می‌دهند که صلیب مسیح، قدرت شیطان را از بین می‌برد و ما را در مسیح، به‌سوی رهایی می‌کشاند.

این آیات چه حقیقت الهی را به ما تعلیم می‌دهند تا آن‌ها را دریافت و برایشان در دعا باشیم؟

آن زمان که در گناهان و حالت ختنه ناشدهٔ نَفْس خود مرده بودید، خدا شما را با مسیح زنده کرد. او همهٔ گناهان ما را آمرزید و آن سندِ قرض‌ها را که به موجب قوانین

بر ضد ما نوشته شده و علیه ما قد علم کرده بود، باطل کرد و بر صلیب میخکوبش کرده، از میان برداشت. و ریاست‌ها و قدرت‌ها را خلع‌سلاح کرده، در نظر همگان رسوا ساخت و به وسیلهٔ صلیب بر آن‌ها پیروز شد.(کولسیان ۲:۱۳-۱۵)

این آیات تعلیم می‌دهند که قدرت صلیب، هر عهدی را که از خدا نیست لغو می‌کند و تمام قدرت پیمان‌های ناپاک را از بین می‌برد.

قبل از اینکه دعا کنیم، باید درک کنیم که دعاهای ما قدرتمند و مؤثر هستند. باید با خداوند در این حقیقت موافقت داشته باشیم که او مایل است ما را به رهایی کامل برساند. در روح بپذیرید که حاضرید به این حقیقت ایمان آورید، مسیح شمارا پذیرفته است و مایل است شما را از تمام دام‌ها و اسارت‌های شریر رهایی بخشد. آماده‌باشید تا با تمام دروغ‌های اسلام مخالفت کرده و آن‌ها را انکار نمایید.

این دعا برای انکار شهادتین است، و بهتر است آن را ایستاده به زبان بیاورید.

اعلام حقیقت و دعا برای انکار شهادتین و شکستن قدرت آن

تسلیم بودن دروغینی را که محمد تعلیم داده است و الگوی آن را به نمایش گذاشته، انکارش می‌کنم و از آن دست می‌کشم.

این باور دروغین که محمد فرستادهٔ خدا است را انکار می‌کنم.

این ادعا را که قرآن کلام خدا است را نمی‌پذیرم و آن را انکار می‌کنم.

شهادتین و به زبان آوردن آن را انکار می‌کنم و از آن دست می‌کشم.

خواندن سورهٔ فاتحه را انکار می‌کنم و از آن دست می‌کشم. ادعاهای سورهٔ فاتحه مبنی‌بر اینکه یهودیان، تحت غضب خدا قرار دارند و مسیحیان، گمراه شده‌اند را انکار می‌نمایم.

نفرت از یهودیان را انکار می‌کنم. این ادعای دروغین که یهودیان کتاب مقدس را تحریف کرده‌اند را انکار می‌کنم و آن را نمی‌پذیرم.

این ادعا که خداوند یهودیان را نپذیرفته است انکار می‌کنم و اعلام می‌کنم چنین ادعایی دروغین است.

از به زبان آوردن آیات قرآن دست می‌کشم و هرگونه قدرتی و حاکمیتی که قرآن در زندگی من دارد را انکار می‌کنم.

تمام پرستش‌های دروغینی را که طبق الگوی محمد است، انکار کرده و از آن دست می‌کشم.

تمام تعلیمات دروغین محمد را دربارهٔ خدا انکار می‌کنم و این ادعا که الله قرآن، همان خدای یکتا است را رد می‌نمایم.

(برای مردمی که پیشینهٔ شیعه دارند: تمام باورهایم دربارهٔ علی و ۱۲ امام را انکار می‌کنم و از سوگواری برای حسین و تمام شهدای اسلام دست می‌کشم.)

وقف شدنم به خدای اسلام را در هنگام تولد و همچنین پایبندی اجدادم را به اسلام، انکار می‌کنم.

به‌طور خاص الگوی محمد را انکار می‌کنم و از پیروی کردن از الگوهای او دست می‌کشم. خشونت، ترساندن دیگران، نفرت، روح توهین، فریب، برتری‌طلبی، تجاوز، سوءاستفاده از زنان، دزدی و تمام گناهانی که محمد مرتکب شده را مردود اعلام می‌کنم و از تمام الگوهای محمد دست می‌کشم.

شرم را نمی‌پذیرم و اسارت شرم را انکار می‌نمایم. اعلام می‌کنم که در مسیح عیسی، هیچ محکومیتی وجود ندارد و خون عیسای مسیح هرگونه شرمی را از جان من برداشته است.

تمام ترس‌هایی را که اسلام آورده است انکار می‌کنم و حاضر به پذیرش این ترس‌ها نیستم. بابت اینکه به‌خاطر اسلام دچار ترس بودم از خداوند طلب بخشش و تصمیم دارم به خدا، پدر آسمانی خداوندم عیسای مسیح ایمان داشته باشم و تنها به او تکیه کنم.

لعنت کردن دیگران را نمی‌پذیرم و تصمیم دارم همواره دیگران را برکت دهم.

هرگونه ارتباطی را با اجنه نمی‌پذیرم و هرگونه ارتباطی را با اجنه انکار و باطل می‌کنم. تعلیم اسلام دربارهٔ قرآن را انکار می‌کنم و هرگونه ارتباطی با ارواح پلید را باطل ساخته و مردود اعلام می‌کنم.

تصمیم می‌گیرم مطابق هدایت روح قدم بردارم و تنها کلام خداوند نور راهم باشد.

بابت هر گناهی که به‌خاطر پیروی از الگوی محمد به‌عنوان فرستادهٔ الله مرتکب شدم از خداوند طلب بخشش می‌کنم.

این ادعای کفرآمیز را که هرگاه مسیح بازگردد همهٔ مردم جهان را وادار خواهد کرد تا دین محمد را پیروی کنند انکار می‌کنم و آن را نخواهم پذیرفت.

تصمیم می‌گیرم تنها مسیح را پیروی کنم.

اعتراف می‌کنم که مسیح، پسر یگانهٔ خدا است که برای گناهان من، روی صلیب جان خود را تقدیم کرد و برای نجات من از میان مردگان رستاخیز نمود. بابت صلیب عیسای مسیح خدا را جلال می‌دهم و او را می‌پرستم، و تصمیم دارم صلیب خود را برگیرم و مسیح را پیروی کنم.

اعتراف می‌کنم مسیح، خداوندِ تمام جهان است. او بر آسمان‌ها و زمین پادشاهی می‌کند. او خداوند و سرور زندگی من است. اعتراف می‌کنم که او بازخواهد گشت تا زندگان و مردگان را داوری کند. تمام ایمان خود را بر مسیح قرار می‌دهم و اعلام می‌کنم جز مسیح، نامی در آسمان و زمین نیست که برای نجاتم به آن نیاز داشته باشم.

از خدای پدر می‌طلبم که قلبی تازه به من عطا کند، قلبی مانند مسیح، تا من را در هرچه می‌گویم و هرچه انجام می‌دهم هدایت کند و برکت دهد.

تمام پرستش‌های دروغین را انکار و جسم و جان خود را وقف پرستش خدای زنده، پدر و پسر و روح القدس می‌کنم.

آمین

۶

رهایی از ذمه

خون مسیح نیکوتر سخن می‌گوید

عبرانیان ۲۴:۱۲

در این فصل راجع‌به سیاست اسلام در برخورد با غیرمسلمانانی صحبت می‌کنیم که تحت حاکمیت اسلام قرار می‌گیرند. این افراد که شامل مسیحیان و یهودیان هم هست، در اسلام به‌عنوان «اهل ذمه» شناخته می‌شوند.

پیمان ذمه

در سال ۲۰۰۶، هنگامی که پاپ بندیکت موعظهٔ مشهور خود را در رگنسبورگ انجام داد؛ وی در موعظهٔ خود از امپراطور بیزانس، مانوئل دوم پالایولوگوس، نقل‌قولی کرد که دربارهٔ فرمان محمد، مبنی‌بر گسترش اسلام به‌واسطهٔ شمشیر، سخن گفته بود.

سخنان پاپ خشم مسلمانان را برانگیخت. پس از این سخنرانی، حدود ۱۰۰ نفر به‌خاطر شورش‌هایی که در سرتاسر جهان بر پا شد، کشته شدند. یکی از جالب‌ترین پاسخ‌ها از سوی عبدالعزیز بن عبداللّٰه آل الشیخ رهبر مسلمانان عربستان اعلام شد. او در گفت‌وگویی با خبرنگاران اعلام کرد که اسلام با خشونت گسترش پیدا نکرده است. او گفت چنین تهمت‌هایی به اسلام نابه‌جا است؛ چراکه اسلام همیشه انتخاب سومی را پیش روی کافران قرار داده است. اولین انتخابْ ایمان آوردن به اسلام است، دومین انتخابْ شمشیر و سومین انتخاب تسلیم شدن و پرداخت خراج به مسلمین است، از این طریق غیرمسلمانان می‌توانستند تحت حفاظت اسلام در سرزمین‌های اسلامی باقی بمانند و فرائض دینی خود را ادامه دهند.

رهبر مسلمین عربستان به الگوی محمد اشاره کرد و گفت: «کسانی که قرآن و سنت پیامبر را می‌شناسند می‌توانند این حقایق را درک کنند.»

سه انتخابی که رهبر مسلمانان عربستان به آن‌ها اشاره کرد این موارد هستند:

۱. ایمان آوردن به اسلام؛

۲. شمشیر، بکشند یا کشته شوند؛

۳. تسلیم قدرت اسلام باشند.

دو انتخاب اول به سخنان محمد برمی‌گردد، محمد گفته است:

«اللّه به من فرمان داده است تا زمانی که همهٔ مردم باایمان شهادت ندهند که هیچ‌کس جز اللّه لایق پرستش نیست و محمد فرستادهٔ اللّه است با کافران بجنگم، چراکه زمانی که به اسلام ایمان بیاورند جان و مالشان در امان می‌ماند.»

با این وجود، این جملات در برابر مواقع دیگری که محمد، دربارهٔ انتخاب سوم در کنار مسلمان شدن و شمشیر سخن گفته است متعادل‌تر به نظر می‌رسد، انتخاب سومْ تسلیم شدن و پرداخت جزیه به مسلمین است:

«برای نام اللّه و در نام اللّه بجنگید.
علیه کسانی که به اللّه ایمان ندارند، در جنگی مقدس به پیکار بپردازید...
هرگاه به دشمنان تان که از کافرین هستند برمی‌خورید این سه انتخاب را پیش روی آن‌ها قرار دهید.
اگر هر یک از این انتخاب‌ها را پذیرفتند، انتخابشان را بپذیرید و به آن‌ها آسیبی نرسانید.
از آن‌ها دعوت کنید تا به اسلام ایمان بیاورند: اگر پذیرفتند، آن‌ها را بپذیرید و از جنگیدن با آن‌ها دست بکشید.
از آن‌ها دعوت کنید تا پرداخت جزیه به مسلمانان را بپذیرند، اگر پذیرفتند، آن‌ها را بپذیرید و از جنگ با آن‌ها دست بکشید.
اگر حاضر به پرداخت خراج نشدند، از اللّه کمک بخواهید و با آن‌ها بجنگید.»

درخواست پرداخت جزیه بر اساس این آیهٔ قرآن صادرشده است:

باکسانی از اهل کتاب که نه به خدا، و نه به روز جزا ایمان‌دارند، و نه آنچه را خدا و رسولش تحریم کرده حرام می‌شمرند، و نه آیین حق را می‌پذیرند، پیکار کنید تا زمانی که با خضوع و تسلیم، جزیه را به دست خود بپردازند! (ق ۲۹:۹)

جوامعی که تسلیم حاکمیت اسلامی شدند، باید طبق دین اسلامْ پیمان ذمه را بپذیرند. در این پیمان، جامعهٔ غیراسلامی که تسلیم مسلمین می‌شود، با دو شرط موافقت می‌کند: ۱- سالیانه به مسلمانان جزیه بپردازد. ۲- تحقیر شود و اخلاقی شکست‌خورده و حقیرانه داشته باشد.

مفسر بزرگ اسلام، ابن کثیر، در تفسیر نامهٔ خود راجع‌به ق ۲۹:۹ می‌گوید: «مسلمانان اجازه ندارند به اهالی ذمه احترام بگذارند یا آن‌ها را بیش از مسلمین ارج نهند، اهالی ذمه تیره بخت، حقیر و ذلیل هستند.» ابن کثیر می‌گوید این شرایط، مطابق دین اسلام تعیین شده تا خواری و حقارت اهالی ذمه ادامه پیدا کند و آن‌ها همیشه در مقابل مسلمین خوار و حقیر باقی بمانند.

در مقابل پیمان ذمه، احکام اسلام به غیرمسلمانان اجازه می‌دهد در دینی باقی بمانند که قبل از شکست خوردن داشته‌اند. غیرمسلمانانی که تحت این شرایط زندگی می‌کنند، به‌عنوان ذمی یا اهالی ذمه شناخته می‌شوند.

ساختار پیمان ذمه تبلور سیاسی دو اصل دینی در قرآن است که می‌گوید:

۱. اسلام باید بر تمام ادیان دیگر پیروز شود.

> او کسی است که رسولش را با هدایت و دین حق فرستاده تا آن را بر همه ادیان پیروز کند؛ و کافی است که خدا گواه این موضوع باشد! (ق ۲۸:۴۸)

۲. مسلمانان باید بر مسند قدرت باشند تا همواره به تعلیمات اسلام و امربه‌معروف و نهی از منکر بپردازند.

> «شما بهترین امتی هستید که برای مردم پدیدار شده اید به کار پسندیده فرمان می دهید و از کار ناپسند بازمی دارید و به خدا ایمان دارید و اگر اهل کتاب ایمان آورده بودند قطعا برایشان بهتر بود برخی از آنان مؤمنند و[لی] بیشترشان نافرمانند... .» (ق ۳:۱۱۰)

جزیه

در احکام اسلامی، پیمان ذمه، غیرمسلمانان را افرادی معرفی می‌کند که به‌واسطهٔ لطف و گذشت مسلمین از جانشان، زنده مانده‌اند. این یک باور پیشا اسلامی است که می‌گفتند: «اگر کسی را شکست دادید و اجازه دادید زنده بماند، سرش را به شما مدیون است.» به همین دلیل، هرساله مردان بالغ غیرمسلمان، بایستی در مراسمِ نمادینِ گردن‌زنی، به دولت اسلامی جزیه بپردازند. پرداخت جزیه اعلام می‌کند شخصِ ذمیَ، باید بهای خونی را بپردازد که به مسلمانان بدهکار است. کلمهٔ جزیه به معنی غرامت و جبران خسارت و خراج است. لغت‌نامه نویسان اسلامی جزیه را این‌چنین تفسیر کرده‌اند:

> ... خراجی که سالیانه توسط دولت اسلامی از غیرمسلمانان اهل ذمه ستانده می‌شود تا آن‌ها تحت محافظت مسلمین باقی بمانند و به‌واسطهٔ پرداخت جزیه از کشتن آن‌ها صرف‌نظر شود.[۱۰]

محمد ابن یوسف اطفیش، مفسر قرن نوزدهم میلادی در تفسیر خود از ق ۲۹:۹ این اصل را توضیح داده است:

> گفته شده: جزیه خون‌بهای غیرمسلمانان است. پرداخت جزیه برای صرف‌نظر از کشتن آن‌ها کفایت می‌کند. دریافت جزیه به‌عنوان جایگزین، وظیفهٔ واجب

---

۱۰ ادوارد دبلیو. لین – واژه نامهٔ عربی به انگلیسی

> مسلمانان برای کشتار غیرمسلمانان و به اسارت گرفتن آن‌ها در نظر گرفته می‌شود و به سود مسلمین است.

یا همان‌طور که ویلیام ایتون در کتاب خود تحت عنوان بررسی اجمالی امپراتوری ترکیه، منتشرشده در سال ۱۷۸۹ توضیح داده است:

> معنی اصطلاح جزیه این است که مسیحیان، با پرداخت خراج به مسلمانان می‌توانستند در سالی که جزیه آن را پرداختند، زنده بمانند و فرائض دینی خود را به انجام رسانند.

مجازات نافرمانی

در دین اسلام، برای کسانی که تحت پیمان ذمه قرار گرفته‌اند و از پرداخت جزیه و اطاعت از قوانینی که به آن‌ها تحمیل شده است سر باز بزنند، مجازات سختی در نظر گرفته شده است. معنی این مجازات این است که جهاد علیه این دسته مجدداً از سر گرفته می‌شود؛ یعنی ضمن اعلام شرایط جنگی، اموال اهل ذمه غارت و زنانشان به اسارت گرفته شده، به آن‌ها تجاوز می‌شود و مردان را به قتل می‌رسانند (و یا به زور شمشیر مجبورشان می‌کنند به اسلام ایمان آورند).

نمونهٔ مشهوری از پیمان ذمه که به‌عنوان معاهدهٔ عمر شناخته می‌شود، مسیحیان سوری هستند به‌واسطهٔ بندی از این معاهده، مجازات جهاد را به جان خریدند.

> «این‌ها قوانینی هستند که در قبال امنیت و حفاظت از سوی مسلمانان، علیه خود و سایر پیروان دینمان به آن تن می‌دهیم. اگر هر یک از موارد این معاهده را بشکنیم، ذمه ما شکسته می‌شود و شما مسلمانان اجازه دارید با ما آن‌طور که با سرکشان و مشرکین رفتار می‌کنید عمل کنید.»

ابن قدامه، هم بر این نکته تأکید کرده است که: اگر غیرمسلمانان اهل ذمه، مطابق شرایط پیمان ذمه عمل نکنند اموال و جانشان را از دست خواهند داد.

> «شخصی که تحت حفاظت ذمه قرار می‌گیرد و سپس موارد توافق را می‌شکند، چنانچه حاضر نشود خراج (جزیه) بپردازد و یا از احکام جامعه اطاعت کند جان و مال خود را حلال کرده است؛ یعنی اجازه می‌دهد مسلمانان او را اسیر کرده و یا بکشند.»

تاریخچهٔ جوامع ذمی، آکنده از آسیب‌ها و وقایع تاریخی وحشتناک مثل قتل‌عام، تجاوز و غارت اموال است. این اقدامات در راستای ترساندن دائمی اهل ذمه صورت گرفته تا آن‌ها را همواره در اسارت روانی و روحانی ذمه نگاه دارند. دو نمونه را مرور می‌کنیم:

- در سال ۱۰۶۶ یهودیان گرانادا که حدود ۳۰۰۰ نفر بودند از سوی مسلمانان قتل‌عام شدند. قبل از این اتفاق، سموئیل ابن نغریله، یک یهودی که وزیر اعظم گرانادا بود، یک سلطان مسلمان را خدمت می‌کرد. پس از او پسرش

یوسف ابن نغریله جای پدرش را گرفت. جانشینی یوسف ابن نغریله یهودی، به‌عنوان شکسته شدن شرط ذمه که اجازه نمی‌دهد نامسلمانان بر مسلمانان حکمرانی کنند در نظر گرفته شد. لشکرکشی مذهبی مسلمانان علیه یهودیان با استناد به‌حکم ذمه به قتل‌عام یهودیان گرانادا منجر شد. بعدها حقوق‌دانی اهل شمال آفریقا به نام ال مغیلی نوشت: «هرگاه یک یهودی در مقامی عالی‌رتبه سلطانی مسلمان را خدمت کند در سرکشی علیه حکم ذمه به سر می‌برد و دیگر به‌عنوان اهل ذمه از او حمایت نخواهد شد. به زبان ساده، خون چنین کسانی بر مسلمانان حلال است.»

- در سال ۱۸۶۰ بیش از ۵۰۰۰ مسیحی در دمشق قتل‌عام شدند. پادشاه عثمانی احکام ذمه را باطل اعلام کرد. این کار به‌واسطهٔ فشار از سوی قدرت‌های اروپایی انجام شد. واعظین مسلمان در دمشق از چنین حکمی خشمگین شدند و اعلام کردند چون مسیحیان دیگر مطیع مسلمانان نیستند، حفاظت ذمه از آن‌ها برداشته شده است. در نتیجه مسلمانان دمشق دست به جهاد زدند و در این روند، مردان مسیحی کشته و زنان و کودکان به اسارت گرفته شدند، به زنان اسیر تجاوز و تمام اموال مسیحیان دمشق غارت شد. برخی از مسیحیان دمشق با ایمان آوردن به اسلام جان سالم به در بردند.

مراسمی هولناک

خراج جزیه باید هرساله توسط هر مرد بالغ نامسلمان، به مسلمین پرداخت می‌شد و پس از پرداخت جزیه، مراسمی هولناک را اجرا می‌کردند. تا قرن بیستم، غیرمسلمانانی که در حکومت‌های اسلامی زندگی می‌کردند، هر سال مجبور به شرکت در این مراسم هولناک بودند. در مراسم پرداخت جزیه، نمادی قدرتمند وجود داشت؛ مسلمانی که جزیه را دریافت می‌کرد به گردن اهل ذمه ضربه‌ای وارد می‌کرد و در برخی موقع اهل ذمه را با طنابی که دور گردنش آویخته بود به این طرف و آن طرف می‌کشیدند.

این نماد اعلام می‌کرد که شخص اهل ذمه با پرداخت این خراج، بهای جانش را می‌پردازد تا به اسارت گرفته نشود و به قتل نرسد. در اصل، انجام این مراسم نشانه‌ای از مرگ به‌واسطهٔ گردن زدن بود که با پرداخت جزیه، برای یک سال از اجرای آن صرف نظر می‌شد. مسلمانان و غیرمسلمانان گزارشات زیادی دربارهٔ اجرای این مراسم از مراکش تا بخارا و از قرن نهم میلادی تا قرن بیستم را ثبت و ارائه کردند.

این مراسم مذهبی تا هنگام خروج یهودیان و ورودشان به کشور اسرائیل در اواخر سال‌های ۱۹۴۰ و اوایل سال‌های ۱۹۵۰ در برخی از کشورها نظیر یمن و افغانستان همچنان ادامه داشت و البته در سال‌های اخیر، مسلمانان تندرو بارها خواستار اجرای مجدد این مراسم در کشورهای مسلمان شده‌اند.

عمل نمادین گردن زنی در مراسم مذهبی پرداخت جزیه، می‌تواند یک عهد خونی در نظر گرفته شود که در فصل دوم دربارهٔ آن صحبت کردیم. در چنین عهدی، شخص می‌پذیرد

که اگر از توافقات سرپیچی کند، به‌واسطۀ گردن زده شدن، کشته شود. در طول قرون پیشین، چنین مراسمی همواره توسط فرقه‌ها و جوامع مخفی به کار گرفته شده است؛ چراکه چنین مراسم‌هایی از قدرت روحی و روانی برخوردار است و شرکت‌کنندگان مراسم را به اطاعت وادار می‌سازد.

مراسم نمادین جزیه به این معناست که شخص اهل ذمه، با شرکت در این مراسم رضایت می‌دهد که در صورت تخلف از موارد پیمان ذمه، سرش را از دست بدهد. در اصل، چنین مراسمی به این مفهوم است که شخص خود را لعنت می‌کند و می‌گوید: «اگر از موارد این عهد سرکشی کنم می‌توانید من را گردن بزنید.» در آینده اگر شخص ذمی، احکام پیمان ذمه را زیر پا بگذارد، با شرکت در مراسم سالیانۀ جزیه درملأعام از پیش، مجازات مرگ را برای خود پذیرفته؛ در نتیجه اگر کشته شود، از پیش مجوز مرگ خود را صادر کرده است.

در این بخش‌ها دربارۀ تأثیرات روانی پیمان ذمه بر غیرمسلمانان صحبت می‌کنیم.

قدردانی خفت‌بار

در احکام سنتی اسلام، غیرمسلمانان به‌عنوان اشخاصی در نظر گرفته می‌شوند که جان خود را به مسلمین فاتح مدیون هستند. بنابراین، از آن‌ها انتظار می‌رود همواره قدردانی خفت‌بار داشته باشند.

مفسرین اسلام به‌وضوح این نکته را شرح داده‌اند.

بسیاری از احکام اسلام در راستای تحقیر و تضعیف غیرمسلمانان تدوین‌شده‌اند. به‌عنوان مثال:

- شهادت شخص ذمی در دادگاه‌های اسلامی پذیرفته نبود؛ این نکته باعث شده بود اهل ذمه در مقابل انواع سرکوب‌گری تضعیف شوند.

- خانه‌های اهالی ذمه باید پایین‌تر از خانه‌های مسلمین قرار می‌گرفت.

- اهل ذمه اجازۀ اسب سواری یا سربلند کردن در مقابل مسلمین را نداشتند.

- اهل ذمه باید درملأعام از سر راه مسلمین کنار می‌رفتند. آن‌ها بایستی به کنارۀ راه حرکت می‌کردند تا اجازه دهند ابتدا مسلمانان عبور کنند.

- اهل ذمه اجازۀ داشتن سلاح یا ابزارهای دفاعی را نداشتند، نتیجتاً در مقابل خشونت مسلمین ضعیف باقی می‌ماندند.

- مسلمانان اجازه نمی‌دادند هیچ مراسم و یا نماد مذهبی غیر اسلامی درملأعام برگزار یا قرار داده شود.

- مسلمین اجازهٔ بنای کلیساهای تازه را نمی‌دادند و همچنین اجازه نمی‌دادند کلیساهای آسیب‌دیده مرمت شوند.
- هیچ اهل ذمه‌ای اجازه نداشت از اسلام انتقاد کند.
- اهل ذمه باید به‌نحوی متفاوت لباس می‌پوشید، لباس‌های آن‌ها با سایرین فرق داشت و یا وصله‌ای رنگی به لباسشان چسبانده می‌شد.
- مردان مسلمان اجازه داشتند با زنان اهل ذمه ازدواج کنند و فرزندان آن‌ها باید به‌عنوان یک مسلمان رشد می‌کرد، اما زنان مسلمان اجازه نداشتند با مردان اهل ذمه ازدواج کنند.
- همچنین احکام بسیار دیگری در راستای تحقیر و جداسازی جوامع غیرمسلمان وجود داشت.

درک مردم از احکام اهل ذمه در دین اسلام، تجلی قانونی و اجتماعی دستور قرآنْ مبنی‌بر خوار و حقیر ساختن اهل کتاب است. (ق ۹:۲۹)

سازوکار ذمه در راستای تحقیر جوامعی که مسلمانان فتح می‌کردند تدوین شده است. مفسر مراکشی قرن هجدهم میلادی، ابن اجیبه، هدف ذمه را نابود کردن روح و جان اهل ذمه معرفی کرده است:

> «به اهل ذمه فرمان داده می‌شود تا جان، مال و تمایلاتش را به مرگ بسپارد. از همه مهم‌تر، شخص ذمی باید علاقه‌اش به زندگی و رهبری و احترام را در خود بکشد. اهل ذمه باید تمایلات نفس را تا حدی غیرقابل تحمل کاهش دهد؛ تا جایی که کاملاً مطیع مسلمین گردد. پس از آن دیگر هیچ‌چیز برای او غیرقابل‌تحمل نخواهد بود. شخص ذمی در مقابل انقیاد یا قدرت، فقر یا ثروت بی‌تفاوت خواهد بود. ستایش و اهانت برای او یکی خواهد بود و مقابله و تسلیم برای او یک مفهوم خواهد داشت. گمشده و یافت شده برای او یکی خواهد بود. وقتی همه‌چیز برای او یکی شد، جان او تسلیم است و هر آنچه را که باید تقدیم کند، به مسلمانان تقدیم خواهد کرد.»

روان‌شناسی حقارت

اصطلاح اهل ذمه برای وصف شرایطی که پیمان ذمه برای شخص به وجود می‌آورد به کار گرفته می‌شود؛ مانند تبعیض جنسیتی و نژادپرستی، اهل ذمه بودن نیز نه‌تنها در ساختار حقوقی و اجتماعی بلکه در ساختار روان‌شناختی نیز قدردانی خفت‌بار و آمادگی برای خدمت را تجلی می‌کند؛ این تصویر جوامع مغلوبی است که پس از حملهٔ مسلمانان، در راستای بقای خود پیمان ذمه را پذیرفتند. همان‌طور که دانشمند یهودی قرون‌وسطایی ابن میمون می‌گوید: «پیر و جوانمان به‌اجبار موافقت کردند تا به حقارت تن دهیم....»

در اوایل قرن بیستم، جغرافی‌دان بزرگ جوان سویچیچ توضیح داده که چگونه ترس از خشونت حاکمان ترک و مسلمانان آلبانی، به لحاظ روانی، روی جوامع مسیحی ناحیه بالکان تأثیر گذشته است:

«مسیحیان این نواحی به تعلق داشتن به گروه اجتماعی حقیر و خدمتگزار عادت کرده‌اند و تصور می‌کنند وظیفهٔ آن‌هاست که نوکر اربابان مسلمانشان باشند و در مقابل اربابانشان فروتن شوند و آن‌ها را خشنود سازند. این مردمان زبان‌بسته، پنهان‌کار و فریبکار شده‌اند؛ آن‌ها به هیچ‌کس اعتماد ندارند و به دورویی و حقارت عادت کرده‌اند، چراکه تمام این موارد برای زنده ماندنشان و گریز از مجازات‌های خشن ضروری است.»

«تأثیر مستقیم سرکوب و خشونت تقریباً در تمام مسیحیانی که با احساس ترس و دلهره زندگی می‌کنند مبرهن است... شنیده‌ام که در مقدونیه مردم می‌گفتند: حتی در رؤیاهایمان در حال فرار از دست ظلم ترک‌ها و مسلمانان آلبانی هستیم.»

در تقابل حقارت اهل ذمه، احساس برتری مسلمانان قرار دارد؛ این حس برتری نشأت گرفته از حس سخاوتمندی [کاذبی] که رخصت زندگی به اهل ذمه داده‌اند و مال و اموالشان را غارت نکرده‌اند. همان‌طور که یک ایرانی ایمان‌دار به من می‌گفت: «مسیحیان هنوز در ایران به‌عنوان قشر حقیر و درجه دو جامعه شناخته می‌شوند. اسلام دین اربابان و حاکمان است و مسیحیت، دین خدمتگزاران و غلامان محسوب می‌شود.»

جهان‌بینی حکم ذمه همان‌طور که برای غیرمسلمانان حقارت‌بار است، برای مسلمین نیز آسیب‌زا است. مسلمانانی که خود را در شرایطی قرار می‌دهند که در آن امکان رقابت عادلانه وجود ندارد، به خود آسیب می‌زنند. سیاست‌های حفاظت اقتصادی از مسلمین می‌تواند باعث سقوط اقتصادی در یک کشور شود؛ به همین شکل حفاظت مذهبی حاصل از ذمه به این معناست که مسلمانان، به حس برتری کاذب وابسته هستند. چنین وابستگی‌هایی نهایتاً آن‌ها را تضعیف می‌کند و قابلیت آن‌ها را در درک نفس و شناخت جهان پیرامون کاهش می‌دهد.

ساز و کار پیمان ذمه، تأثیرات عمیقی در زمینهٔ اخلاقیات طرفین این پیمان و اخلاقیات نسلی هر دو طرف به‌جا می‌گذارد. درست همان‌طور که نژادپرستی می‌تواند سالیان سال پس از لغو برده‌داری نژادی، باز هم در یک کشور و ملت ادامه پیدا کند؛ به همین ترتیب ساختار پیمان ذمه می‌تواند حتی زمانی که تنها خاطره‌ای از مراسم جزیه باقی‌مانده است و این مراسم دیگر متداول نیست، رابطهٔ بین مسلمانان را با دیگران تخریب کند.

مسائل روان‌شناختی پیمان ذمه می‌تواند حتی روی جوامعی که هرگز تحت حکومت دین اسلام قرار نداشته‌اند اثر بگذارد. به‌عنوان مثال، سیاستمداران غربی زیادی وجود دارند که اسلام را به‌عنوان دین صلح ستایش کرده‌اند؛ در حالی که در ستایش اسلام با ذلتی مانند حقارت اهالی ذمه دربارهٔ اسلام سخن گفته‌اند. چنین تجلی‌هایی از تحسین اسلام و قدردانی حقارت‌بار مختص اخلاق اهالی ذمه در مقابل حکومت‌های اسلامی است.

آزارهای دینی و بازگشت پیمان ذمه

در قرون نوزدهم و بیستم میلادی، قدرت‌های اروپایی، جهان اسلام را وادار کردند تا ساز و کار پیمان ذمه را کنار بگذارد یا به‌کارگیری آن را کاهش دهد. با این وجود، در طول قرن گذشته احکام اسلامی در سرتاسر جهان بیداری دوباره‌ای را تجربه می‌کند. در نتیجهٔ این بیداری، احکام و جهان‌بینی پیمان ذمه در سرتاسر جهان اسلام به حکومت‌ها بازگشته است و نتیجتاً تعصب، هراس افکنی و تبعیض علیه مسیحیان و سایر ادیان غیراسلامی افزایش یافته است. به‌عنوان مثال پاکستان، با ساختار سیاسی سکولار یا دنیوی پایه‌گذاری شد، اما بعدها پاکستان به یک دولت اسلامی تبدیل شد و دادگاه‌های اسلامی در این کشور برپا شدند. در نتیجه قانونی دربارهٔ کافران به قوانین کشور اضافه شد که باعث تبعیض علیه غیرمسلمانان است. این روند بیداری اسلامی، باعث افزایش روزافزون آزار مسیحیان پاکستان شده است.

در دنیای امروز، هرکجا که دین اسلام به سمت بیداری می‌رود، زندگی برای مسیحیان و سایر غیرمسلمانان سخت‌تر می‌شود. امروزه، چهار کشور از پنج کشوری که مسیحیان در آن‌ها مورد آزار قرار می‌گیرند، اسلامی هستند. در این کشورها از الگوی آزار مسیحیان، نظیر ایجاد محدودیت در مکان‌های پرستشی به‌واسطهٔ بیداری احکام ذمه به‌عنوان بخشی از بیداری اسلامی حمایت می‌شود.

در این بخش‌ها دلایل انکار پیمان ذمه و تأثیرات مخرب روحانی ذمه را بررسی خواهیم کرد.

یک راه‌حل روحانی

زندگی محمد، با تجربهٔ طرد شدن از سوی دیگران شکل گرفت و باعث زخم و آسیب‌های روحانی در محمد شد؛ در نتیجه ذهنیت قربانی پنداری، روحیهٔ خشونت‌طلبی و تمایل برای مغلوب ساختن دیگران، در محمد قوام یافت. فراخوان محمد برای جهاد، نتیجهٔ شرایط روحانی سرکوب شدهٔ او بوده است. او مایل بود به‌واسطهٔ تحقیر سایرین، آزادی روحانی خود را به دست آورد و نتیجهٔ آن، ساز و کار خفت‌بار ذمه است.

در نقطهٔ مقابل، مسیح از سوی بسیاری رد و انکار شد، اما حاضر نشد کینه به دل بگیرد، او حاضر نشد خشونت بورزد و یا دیگران را مغلوب سازد؛ مسیح حاضر نشد روحی زخم‌خورده داشته باشد. صلیب و رستاخیز مسیح، طردشدگی و قدرت‌های ظلمت را مغلوب ساخت. مسیحیان می‌توانند برای رهایی از میراث پیمان ذمه، به صلیب مسیح روی آورند.

شهادت‌های رهایی از پیمان ذمه

در اینجا شهادت افرادی را مشاهده می‌کنیم که دعای انکار و باطل ساختن قدرت پیمان ذمه را به زبان آورده‌اند و رهایی یافتند.

ترس بینانسلی

یکی از زنانی که همراهش دعا کردم در حوزه‌های مختلف زندگی خود دچار ترس و هراس بود. اجداد آن زن، صد سال قبل در دمشق سوریه به‌عنوان اهل ذمه زندگی کرده بودند؛ یعنی ناحیه‌ای که در آن قتل‌عام مسیحیان در سال ۱۸۶۰ اتفاق افتاده بود. هنگامی که او را تشویق کردم تا دعای باطل ساختن و انکار پیمان ذمه را به زبان آورد، قدرت ترس در او شکسته شد و توانست در زندگی روزمرهٔ خود از رهایی قابل‌توجهی بهره‌مند شود.

رهایی از میراث نسل‌کشی

مردی با پیشینهٔ ارمنی با اسم مستعار یونانی، با گریختن به مصر از طریق اسمیرنا توانسته بود از قتل‌عام مسیحیان ارمنستان جان سالم به در ببرد. بیش از نیم‌قرن بعد، پسر این پناهنده هنوز هم از ترس‌هایی سرکوب‌کننده رنج می‌برد. او حتی نمی‌توانست بدون تجربهٔ نگرانی و اضطراب زیاد از اینکه آیا درها و پنجره‌ها را قفل کرده است از خانه خارج شود. با این وجود هنگامی که ترس‌های بینانسلی مرتبط با آن نسل‌کشی و آسیب‌های گذشته را انکار نمود، آسیب‌هایی که مسلمانان به اجداد او زده بودند، توانست رهایی و شفای روحانی عظیمی را تجربه کند.

تأثیرگذاری بیشتر در خدمت به مسلمانان

زنی اهل نیوزلند در نامه‌ای به من اعلام کرد که چگونه پس از دعای انکار پیمان ذمه، خدمت او به مسلمانان کاملاً متحول شده است.

> به‌نحوی مهیب از ترسی که نسبت به روابط شخصی‌ام با مسلمانان داشتم رها شدم و همچنین توانستم پس از به زبان آوردن دعای انکار و رهایی از پیمان ذمه در اجلاسی که برگزار کرده بودید، در زمینهٔ بشارت مسلمانان مؤثرتر عمل کنم. من از سال ۱۹۸۹ مسلمانان را بشارت داده‌ام... عضو دیگری از گروهمان که به‌اتفاق من، در سمینار شما شرکت کرده بود، او هم توانست به‌واسطهٔ به زبان آوردن دعای انکار پیمان ذمه، در بشارت زنان خاورمیانه مؤثرتر قدم بردارد.

از ترس تا شجاعت در تعلیم مباشرین

گروهی از مسیحیان عرب‌زبان، در راستای آمادگی برای بشارت دادن به مسلمانانی که به‌عنوان توریست به کشورهای اروپایی می‌آمدند از دعایی بهره بردند که در این کتاب گنجانده شده است. علی‌رغم اینکه این مسیحیان عرب‌زبان در کشوری آزاد زندگی می‌کردند، اعتراف کردند که از بشارت دادن ایمانشان به مسلمانان می‌ترسیدند. گفت‌وگو

دربارهٔ پیمان ذمه، دل‌های آن‌ها را باز کرد تا نیازشان برای شفا از ترس را بشناسند. یکی از رهبران این‌طور توضیح می‌داد: «گاهی به‌خاطر پیمانی که به نمایندگی از سوی شما بسته شده است، ترس درونتان ساکن می‌شود.» پس از گفت‌وگو دربارهٔ پیمان ذمه، مردم دعای رهایی را به زبان آوردند و در وحدت، پیمان ذمه را انکار کرده و قدرت آن را شکستند. در روز آخر این جلسات، یکی از شرکت‌کنندگان ارزیابی خود را بدین شکل برایم نوشت:

«نتیجهٔ این جلسات فوق‌العاده هستند. بدون استثنا تک‌تک شرکت‌کنندگان به‌نحوی مهیب اعلام کرده‌اند موضوع این جلسات برای تعلیم در زمینهٔ خدمت ضروری است و برکت و رهایی حقیقی را به ارمغان می‌آورد؛ به‌خصوص برای کسانی برکت و رهایی حقیقی را در پی داشت که فرصت یافتند در جلساتمان، پیمان ذمه را انکار و عهدی را اعلام نمایند که به‌واسطهٔ خون مسیح با خداوند بسته‌اند. جلال بر خداوند! چراکه از طریق دعا می‌توانیم به‌واسطهٔ خون عیسای مسیح از قدرت ذمه رها شویم.»

یک مسیحی، رهایی خود را به دست آورد و قدرت یافت تا مسلمانان را بشارت دهد.

یک وکیل مسیحی شهادت خود را این‌گونه بیان می‌کند:

«برای دریافت مدرک فوق لیسانس در زمینهٔ حقوق و در کشوری اسلامی، به مدت چهار سال وقت خود را صرف آموختن احکام اسلام کردم. به‌طور کامل با جزئیات تحقیر مسیحیان در دین اسلام که شامل پیمان ذمه بود آشنا شدم؛ اما چیزی مانع می‌شد تأثیر منفی این تعلیمات را روی شخصیت خودم درک کنم. من یک مسیحی متعهد بودم و خداوند عیسای مسیح را محبت می‌کردم، اما بارها هنگامی که در حضور دوستان مسلمانم بودم، به‌خاطر اینکه به احساساتشان صدمه نزنم از اعلام این حقیقت که مسیحْ خداوند من است اجتناب می‌کردم.

هنگامی که به جلسه تشریح موضوع پیمان ذمه رفتم، احساس کردم وضعیت روحانی‌ام زیر نور قرار داده شده و عمیقاً از اینکه وضعیت روحانی‌ام آشکار شده است دلخور شدم. به یاد می‌آوردم که بارها برتری مسلمانان را در نواحی که فتح کرده بودند پذیرفتم و حتی در سرزمین اجدادم از برتری مسلمانان دفاع کرده بودم. درک کردم که سالیان سال حقارت پیمان ذمه را پذیرفته بودم و مطابق آن زندگی می‌کردم. در دعا از خداوند استدعا کردم و بلافاصله در مسیح رهایی عظیمی را تجربه کردم.

همان شب به خانه رفتم و با دوست صمیمی مسلمانم تماس گرفتم. به او گفتم که مسیح او را دوست دارد و روی صلیب، جانش را برای او تقدیم کرده است. از آن روز به بعد خدمتم به مسلمانان بسیار مؤثرتر بوده است و شاهد این بودم که بسیاری از مسلمانان، مسیح را به‌عنوان خداوند و منجی خود پذیرفته‌اند و به او ایمان آوردند.»

دلیل انکار پیمان ذمه

ممکن است به چندین دلیل مایل باشید اعلانات و دعاهایی که در ادامهٔ این فصل تقدیم می‌گردد را به زبان‌آورید.

- ممکن است شما و یا اجدادتان تحت حاکمیت اسلامی زندگی کرده باشید و عهد ذمه را پذیرفته باشید و یا تحت شرایطی که متأثر از اصول جهاد و پیمان ذمه بودند، زندگی کرده باشید.
- ممکن است در گذشته خود و یا خانواده شما آسیب‌هایی مانند خشونت مرتبط با جهاد و یا سایر سؤاستفاده‌هایی را تجربه کرده باشید که در شرایط ذمه توسط مسلمانان به سایرین تحمیل می‌شود. حتی ممکن است راجع‌به آنچه که اتفاق افتاده است چیزی ندانید، اما حدس می‌زنید ممکن است چنین تأثیرات مخربی روی گذشته خانواده شما اثر گذاشته باشد.
- ممکن است جهاد مسلمانان روی گذشتهٔ شما و خانواده شما تأثیر گذاشته باشد، علی‌رغم اینکه شاید خانواده شما تحت حکومت اسلامی زندگی نکرده و نمی‌کنند، ممکن است مایل باشید از ترس جهاد مسلمانان رها شوید.
- ممکن است شما یا اجدادتان مسلمان بوده باشند و مایل هستید بخواهید مشارکت در پیمان‌های ذمه و تمام عواقب آن را انکار کنید.

این دعاها به‌نحوی طراحی‌شده‌اند که قدرت پیمان ذمه را در کنار تأثیرات و عواقب روحانی آن باطل سازند، تا پیمان ذمه دیگر قدرتی در زندگی شما نداشته باشد. همچنین این دعاها برای این طراحی‌شده‌اند که هر لعنتی که علیه شما یا اجدادتان (که ممکن است به‌عنوان اهل ذمه در حکومت اسلامی زیست کرده) وجود دارد را در هم بشکند و باطل سازد. ممکن است این دعاها را با احساس پشیمانی دربارهٔ عدم آگاهی خود در گذشته به زبان آورید و اکنون قصد داشته باشید در حقیقت کلام خدا ایستادگی کنید. این دعاها به‌نحوی طراحی‌شده‌اند تا بتوانید از طریق به زبان آوردن آن‌ها از تمام تأثیرات منفی روحانی پیمان ذمه نظیر مواردی که عنوان می‌شود رها شوید:

- درد و رنج
- ترس
- ارعاب و وحشت
- شرم
- احساس تقصیر و گناه
- احساس حقارت

- نفرت از نفس و انکار نفس
- نفرت از سایرین
- افسردگی
- فریب و دروغ
- تحقیر
- عقب‌نشینی و انزوا
- سکوت

اکنون دعای انکار پیمان ذمه را بررسی می‌کنیم. این دعا طراحی شده است تا مسیحیانی که امروزه تحت حکومت اسلامی زندگی می‌کنند و یا اجدادشان تحت حکومت اسلامی زندگی کرده‌اند را رهایی بخشد.

مواجهه با حقیقت

اگر تابه‌حال و در فصل گذشته این کار را انجام نداده‌اید، قبل از به زبان آوردن دعای انکار ذمه با صدای بلند آیات مواجهه با حقیقت در فصل ۵ را بخوانید.

این دعا برای انکار پیمان ذمه تقدیم می‌شود و اعضای شرکت‌کننده بایستی آن را در وحدت، ایستاده و یک‌صدا به زبان بی آورند.

اعلانات و دعا برای انکار و باطل ساختن ذمه و شکستن قدرت آن

دعای اعتراف

خدای پرمحبت، اعتراف می‌کنم که گناه کرده‌ام و از تو روی‌گردان شده‌ام. توبه می‌کنم و به‌عنوان خداوند و منجی‌ام به مسیح رو می‌آورم. لطفاً من را به‌خصوص بابت هر بار که دیگران را ترسانده‌ام و سعی کردم آن‌ها را تحقیر کنم ببخش. من را بابت غرورم ببخش. من را بابت هر زمانی که از دیگران سوءاستفاده کرده‌ام یا آن‌ها را مغلوب ساختم ببخش. در نام عیسای مسیح از تمامی این اعمال دست می‌کشم.

خدایا، ای پدر آسمانی سرورمان عیسای مسیح، بابت هدیهٔ بخشایشی که عیسای مسیح بر روی صلیب برایمان به ارمغان آورد، تو را سپاس می‌گوییم. می‌دانم که تو من را بخشیده و پذیرفته‌ای. بابت اینکه ما را به‌واسطهٔ صلیب با خود و با یکدیگر آشتی دادی شکرت می‌کنیم. امروز اعلام می‌کنم که فرزندخواندهٔ تو و یکی از وارثان پادشاهی خدا هستم.

اعلانات، انکار و دست کشیدن

پدر، طبق فرمودهٔ تو ایمان‌دارم که برای ترس خلق نشده‌ام؛ بلکه فرزندخواندهٔ محبت شدهٔ تو هستم. تمام تعلیمات اسلام و محمد را انکار می‌کنم. هرگونه تن دادن به تعلیمات و خواسته‌های اللّه و قرآن را منکر می‌شوم و اعلام می‌کنم که تنها خدا و سرورمان عیسای مسیح را می‌پرستم.

از گناهان اجداد خود در اطاعت از پیمان ذمه و اصول آن توبه می‌کنم و برای گناهان آنها طلب بخشش دارم.

هر نوع پیمان و تعهدی که خود یا اجدادم به جامعه اسلام و اصول آن داشتند انکار و باطل می‌کنم.

من کاملا ذمه و هر قسم از شرایط آن را رد می‌کنم. من مراسم نمادین گردن‌زنی را در پرداخت جزیه را با هر آنچه اظهار می‌کند انکار می‌کنم. به‌طور مخصوص لعنتِ گردن‌زدن و مرگ نمادینی که این مراسم ابراز می‌کند را انکار می‌کنم.

اعلام می‌کنم که پیمان ذمه با میخ، بر صلیب مسیح کوبیده شده است. پیمان ذمه پیش چشم همگان بر صلیب کوبیده شد، و هیچ قدرتی علیه من ندارد. اعلام می‌کنم که قدرت‌های روحانی‌ای که در پس پیمان ذمه هستند، خلع سلاح شده و شکست خورده، از طریق صلیب مسیح باطل و تحقیرشده‌اند.

احساس دروغین قدردانی خفت‌بار در مقابل اسلام را ترک و انکار می‌کنم؛

احساس دروغین شرم را ترک و انکار می‌کنم؛

فریب و دروغ‌ها را انکار می‌کنم و از آن‌ها دست می‌کشم؛

هر توافقی را که برای ساکت ماندنم دربارهٔ ایمانم به مسیح وجود دارد باطل می‌سازم و از آن دست می‌کشم.

هر توافقی که باعث شده دربارهٔ ذمه و اسلام سکوت کنم را باطل اعلام می‌کنم و از آن دست می‌کشم.

آزادانه سخن خواهم گفت و سکوت نخواهم کرد.

اعلام می‌کنم که حقیقت من را آزاد خواهد کرد[۱۱] و انتخابم این است که در مسیح به‌عنوان انسانی آزاد زیست کنم.

---

۱۱ یوحنا ۸:۳۲

تمام لعنت‌هایی که در نام اسلام علیه من و خانواده‌ام وجود دارد را باطل می‌سازم و انکار می‌کنم. هر لعنتی که علیه اجدادم به زبان آورده شده است را باطل می‌سازم و انکار می‌کنم.

به‌طور ویژه لعنت مرگ را انکار و باطل می‌سازم. مرگ، هیچ قدرتی علیه من ندارد!

اعلام می‌کنم که این لعنت‌ها هیچ قدرتی علیه من ندارند.

برکات مسیح را به‌عنوان میراث روحانی‌ام دریافت می‌کنم و می‌پذیرم.

از هراسان بودن دست می‌کشم و ترس‌ها را باطل می‌سازم، تصمیم دارم در عیسای مسیح شجاعانه قدم بردارم.

هرگونه اعمال نفوذ و کنترلی را که از خدا نیست انکار می‌کنم و باطل می‌سازم.

از هرگونه سوءاستفاده و خشونت دست می‌کشم و سوءاستفاده و خشونت را باطل اعلام می‌کنم.

ترس‌ها را باطل می‌سازم، از ترس احتمال طرد شدن دست می‌کشم. از ترس از دست دادن اموالم دست می‌کشم. ترس فقر را انکار می‌کنم. ترس به اسارت گرفته شدن را باطل می‌سازم. ترس مورد تجاوز قرار گرفتن و به انزوا رانده شدن را انکار می‌کنم و از آن دست می‌کشم، از ترس از دست دادن خانواده‌ام و یا کشته شدن و یا ترس از مرگ، دست می‌کشم و قدرت آن را باطل می‌سازم.

ترس از اسلام را انکار می‌کنم و از ترس در مقابل مسلمانان دست می‌کشم.

ترس از ورود علنی به فعالیت‌های سیاسی را انکار و باطل می‌سازم.

اعلام می‌کنم که عیسای مسیح خداوند و پادشاه همهٔ جهان و جهانیان است.

هر جنبه از زندگی خود را به دستان مسیح که خداوند است، می‌سپارم و به خداوندی او ایمان می‌آورم. عیسای مسیحْ خداوند خانه و شهر و محل سکونت من است. مسیح، خداوند کشور من است، عیسای مسیح، خداوند تمام مردم این سرزمین است، به‌عنوان خداوند و پادشاهم، زندگی‌ام را به عیسای مسیح تقدیم می‌کنم.

هرگونه احساس حقارتی را باطل می‌سازم. اعلام می‌کنم که عیسای مسیح من را پذیرفته است و تنها او را خدمت می‌کنم.

شرم‌ها را باطل می‌سازم. اعلام می‌کنم که مسیح از طریق صلیب، تمام گناهان من را پاک کرده و از میان برداشته است. شرم هیچ حقی علیه من ندارد و من در جلال، به همراه مسیح، پادشاهی خواهم کرد.

خداوندا! من و اجدادم را بابت نفرتمان علیه مسلمانان ببخش. از هرگونه نفرتی علیه مسلمانان و مردم سایر ادیان دست می‌کشم و محبت مسیح را برای مسلمانان و تمام مردم جهان اعلام می‌نمایم.

بابت گناهان کلیسا و اعمال نادرست رهبران کلیسا در سالیان گذشته توبه و طلب بخشش می‌نمایم.

هرگونه بیگانگی با خدا را انکار می‌کنم. اعلام می‌کنم که در مسیح بخشایش را دریافت کردم و خدا من را پذیرفته است. با خدا آشتی داده شده‌ام. هیچ قدرتی در آسمان و زمین نیست که بتواند مقابل تخت پادشاهی خدا علیه من ادعایی مطرح کند.

به خدای پدر، به یگانه پسر او، مسیح، که تنها منجی من است و به روح القدس که به تنهایی من را حیات می‌بخشد، ستایش و شکرگزاری‌هایم را تقدیم می‌کنم.

متعهد می‌شوم تا شاهد زندگی خداوند عیسای مسیح باشم. از صلیب او شرم ندارم. از رستاخیز عیسای مسیح شرم ندارم.

اعلام می‌کنم که فرزندخواندهٔ خدای زنده، خدای ابراهیم، اسحاق و یعقوب هستم.

پیروزی خداوند و مسیح او را اعلام می‌کنم. اعلام می‌کنم که هر زانویی خم خواهد شد و هر زبانی اعتراف خواهد کرد که مسیحْ خداوند است تا خدای پدر جلال بیابد.

بخشش را برای مسلمانانی که در ساختار پیمان ذمه مشارکت داشته‌اند اعلام می‌کنم.

خدای پدر، استدعا دارم من را از ذمه، روح پیمان ذمه و تمام قدرت‌های ناپاکی که به پیمان ذمه وابسته هستند رهایی ببخشی.

اکنون می‌طلبم که روحم را با روح القدس پر سازی و تمام برکت‌های پادشاهی خداوند عیسای مسیح را در زندگی‌ام جاری سازی. مرا فیض ببخش تا حقیقت کلام تو را به‌وضوح درک کنم و کلامت را در تمام حوزه‌های زندگی‌ام به کار گیرم. همان‌طور که وعده دادی، کلام امید و حیات را به من عطا کن و لبانم را برکت بده تا بتوانم در قدرت و نام مسیح کلام امید و حیات را به دیگران اعلام کنم. مرا شجاعت ببخش تا بتوانم شاهد وفادار عیسای مسیح باشم. محبت عمیقی نسبت به مسلمین به من عطا کن و من را اشتیاق ببخش تا محبت مسیح را به آن‌ها بشارت دهم.

تمام این اعلانات و دعاها را در نام خداوند و منجی‌ام عیسای مسیح طلبیدم.

آمین.

۷

دروغ‌گویی، حس برتری کاذب، لعن و نفرین

مرگ و زندگی در قدرت زبان است

آنان که دوستش می‌دارند، از میوه‌اش خواهند خورد.

امثال ۲۱:۸

رهایی از دروغ‌ها

در این بخش، تعلیمات اسلام در رابطه با دروغ‌گویی را در نظر می‌گیریم و تصمیم داریم از دروغ‌گویی دست شسته و دروغ‌ها را انکار کنیم.

حقیقت ارزشمند است

شبان دامنیک، که به‌خاطر سخن گفتن علیه جهاد اسلامی، به ناحق در اندونزی به زندان افتاد، دربارهٔ حقیقت این‌چنین می‌گوید:

> «با وجود اینکه راه راستی و حقیقت می‌تواند سخت باشد و برایمان گران تمام شود، هیچ انتخابی در این زمینه نداریم. ما بایستی آماده باشیم تا بهای راستی و حقیقت را بپردازیم؛ حال بهایش هرچه که می‌خواهد باشد. چون در غیر این صورت، باید با حقیقت خداحافظی کنیم. کسی که حقیقت را دوست دارد، با جدیت مبارزه می‌کند تا با اراده‌ای فولادین پیش رود؛ به‌علاوه، چنین شخصی دلی صاف مانند شیشه دارد. ارادهٔ فولادین قدرتمند است و گمراه نخواهد شد. شخصی که با ارادهٔ فولادین، راه راستی را در پیش می‌گیرد، همواره به حقیقت متعهد است. دل شیشه‌ای به شخصی پاک تعلق دارد که در دلش نقشه‌های پلید خود را دنبال نمی‌کند. شخصی که راستی و حقیقت را محبت می‌کند، درست مثل شیشه حساس است و دل او در مقابل بی‌عدالتی‌ها و دروغ‌های این جهان می‌شکنند. این دل‌شکستگی، نشانهٔ ضعف نیست؛ بلکه نشانهٔ قدرت است. چنین شخصی با ارادهٔ فولادین و زبانی تیز، با

سخنانش می‌تواند در مقابل دروغ‌های دنیا یعنی پیرامون خود ایستادگی کند. دل او نمی‌تواند ساکت بماند و همواره آماده است تا علیه بی‌عدالتی‌ها مبارزه کند.»

این حقیقت که خدای ما، خدای راستی و حقیقت است، نکته‌ای مهم در ورود به رابطه با خدا محسوب می‌شود. خدای ما خدای رابطه است، او از طریق رابطه با انسان مصاحبت می‌کند.

فرهنگ دین اسلام

بر اساس قرآن و تعلیمات دین اسلام، دروغ گفتن در برخی شرایط مجاز است. در فصل سوم دیدیم چگونه، دروغ گفتن در برخی از مواقع در اسلام مجاز و حتی الزامی است.

در قرآن گفته می‌شود حتی اللّٰه می‌تواند فریب دهنده باشد و مردم را گمراه کند:

> ما هیچ پیامبری را، جز به زبان قومش، نفرستادیم؛ تا (حقایق را) برای آن‌ها آشکار سازد؛ سپس خدا هر کس را بخواهد (و مستحق بداند) گمراه، و هر کس را بخواهد (و شایسته بداند) هدایت می‌کند؛ و او توانا و حکیم است. (ق ۴:۱۴)

انواع دروغ‌هایی که احکام اسلام از آن‌ها حمایت می‌کند:

- دروغ در جنگ و مسائل جنگی
- دروغ شوهران به زنانشان
- دروغ برای حفاظت از جان
- دروغ در دفاع از امت اسلام
- دروغ در حفاظت نفس (تقیه) هنگامی که مسلمان احساس کند درخطر است: در این شرایط مسلمان حتی اجازه دارد ایمان خود به اسلام را انکار کند (ق ۱۰۶:۱۶)

این باورهای اسلامی تأثیرات عمیقی روی فرهنگ جوامع اسلامی گذاشته است.

مواجهه با حقیقت

برخلاف اسلام، یک مسیحی اجازه ندارد ایمان خود را نفی یا انکار نماید:

> هر که نزد مردم مرا اقرار کند، من نیز در حضور پدر خود که در آسمان است، او را اقرار خواهم کرد؛ امّا هر که مرا نزد مردم انکار کند، من نیز در حضور پدر خود که در آسمان است، او را انکار خواهم کرد. (متی ۱۰:۳۲ و ۳۳)

عیسای مسیح فرمود: پس 'بلهِ' شما همان 'بله' باشد و 'نهِ' شما 'نه'... (متی ۳۷:۵)

بر اساس پیدایش باب ۱۷، خداوند چه عهدی با ابراهیم بست؟

عهد خویش را میان خود و تو، و نسل تو، پس از تو، استوار خواهم ساخت تا نسل اندر نسل عهد جاودانی باشد؛ تا تو را و پس از تو، نسل تو را، خدا باشم. دیار غربت تو، یعنی تمام سرزمین کنعان را به تو و پس از تو به نسل تو، به ملکیت ابدی خواهم داد؛ و خدای آنان خواهم بود. (پیدایش ۷:۱۷ و ۸)

و بر اساس مزمور ۸۹، خداوند چه عهدی با داوود بست؟

گفتی که با برگزیدهٔ خود عهد بسته‌ام، و برای خدمتگزار خویش داوود سوگند خورده‌ام که: "نسل تو را تا به ابد استوار خواهم ساخت و تخت تو را در تمامی نسل‌ها بنا خواهم کرد." » سِلاه (مزمور ۳:۸۹ و ۴)

این دو بخش از کلام خدا که مطالعه کردید، نشان می‌دهد خداوند عهدی وفادارانه با قوم خود بسته است.

در این آیات، کلام خداوند چه خصوصیتی را دربارهٔ خدا تشخیص می‌دهید؟

خدا انسان نیست که دروغ گوید، و نه بنی‌آدم که از تصمیم خود منصرف شود. آیا او سخنی گفته که بدان عمل نکرده باشد؟ (اعداد ۱۹:۲۳)

خداوند را سپاس گویید زیرا که نیکوست، و محبت او جاودانه است. (مزمور ۱:۱۳۶)

[در باره یهودیان] به لحاظ انجیل، به‌خاطر شما، دشمن‌اند؛ امّا به لحاظ گزینشِ الهی، به‌خاطر پدران، محبوب خدایند. زیرا خدا هرگز عطایا و دعوت خود راَ بازپس نمی‌گیرد.(رومیان ۲۸:۱۱ و ۲۹)

از پولس، خادم خدا و رسول عیسی مسیح، در خدمتِ ایمانِ برگزیدگانِ خدا و شناخت آن حقیقت که منطبق بر دینداری است، و به امید حیات جاویدان که خدای منزّه از هر دروغ از ایام ازل بدان وعده فرمود. (تیتوس ۱:۱ و ۲)

به همین‌سان، چون خدا خواست تغییرناپذیر بودن قصد خود را بر وارثان وعده‌ها هر چه آشکارتر سازد، آن را با سوگند تضمین کرد، تا به واسطهٔ دو امر تغییرناپذیر، که ممکن نیست خدا دربارهٔ آن‌ها دروغ بگوید، ما از دلگرمی بسیار برخوردار شویم، ما که گریخته‌ایم تا امیدی را که پیش روی ما قرار داده شده است، به چنگ گیریم. این امید، به منزلهٔ نگری محکم و ایمن برای جان ماست، امیدی که به محرابِ درون حجاب راه می‌یابد... (عبرانیان ۱۷:۶ و ۱۹)

به امانت خدا قسم که سخن ما با شما 'آری' و 'نه' نبوده است. زیرا پسر خدا، عیسی مسیح، که من و سیلاس و تیموتائوس به او در میان شما موعظه کردیم، 'آری' و 'نه' نبود، بلکه در او همیشه 'آری' است. (دوم قرنتیان ۱:۱۸-۲۰)

خدا در روابطش تغییر ناپذیر و همواره وفادار است. او همواره بر وعدهٔ خود می‌ماند.

بر اساس لاویان، خدا از مردم چه می‌خواهد؟

خداوند به موسی گفت: «تمامی جماعت بنی‌اسرائیل را خطاب کرده، بدیشان بگو: مقدس باشید، زیرا من، یهوه خدای شما، قدوسم.» (لاویان ۱۹:۱ و ۲)

خدای حقیقی، خدای کتاب مقدس، می‌خواهد مردم مانند او مقدس باشند.

بر اساس سه آیهٔ بعدی، قدوسیت خدا را چگونه در زندگی‌هایمان نشان می‌دهیم؟

زیرا محبت تو را همواره پیش چشم خود دارم، و پیوسته در سایهٔ وفاداری تو گام می‌زنم.[۱۲] (مزمور ۲۶:۳)

روح خود را به دست تو می‌سپارم؛ تو مرا فدیه کرده‌ای، ای یهوه خدای امین. (مزمور ۳۱:۵)

و اما تو خداوندا، رحمتت را از من دریغ نخواهی داشت؛ محبت و وفاداری تو همواره مرا محافظت خواهد کرد. (مزمور ۴۰:۱۱)

با زندگی کردن در راستی و حقیقت و می‌توانیم قدّوسیت خدایمان را نشان دهیم؛ چراکه خدا در کلام خود نشان داده که او همواره راستی و حقیقت و همواره وفادار است. با وجود اینکه شیطان مایل است دروغ‌های خود را در دل‌هایمان قرار دهد، حقیقت و راستی خدا از ما حفاظت می‌کند.

حقیقت و راستی طبقه این مزمور داوود برای ما چه می‌کند؟

تقصیرکار زاده شده‌ام،
و گناهکار، از زمانی که مادرم به من آبستن شد!
اینک به راستی در قلب مشتاقی،
و در باطنم، مرا حکمت می‌آموزی.
با زوفا پاکم کن که طاهر خواهم شد،
شست شویم کن که از برف سفیدتر خواهم شد. (مزمور ۵۱:۵-۷)

این مزمور اعلام می‌کند که حقیقت ما را پاک می‌سازد.

---

۱۲ کلمه ای که در اینجا به‌راستی ترجمه شده است، می‌تواند به معنی وفاداری نیز ترجمه شود.

بر اساس این آیه، چه چیز زندگی مسیح پر از چه بود؟

و کلام، انسان شد و در میان ما مسکن گزید. ما بر جلال او نگریستیم، جلالی شایستهٔ آن پسر یگانه که از جانب پدر آمد، پر از فیض و راستی. (یوحنا ۱:۱۴)

عیسای مسیح پر از راستی بود.

فراخوانده شده‌ایم که در چه زندگی کنیم؟

امّا آن که راستی را به عمل می‌آورد نزد نور می‌آید تا آشکار شود که کارهایش به یاری خدا انجام‌شده است. (یوحنا ۳:۲۱)

فراخوانده شده‌ایم تا در راستی و حقیقت زیست کنیم.

بر اساس ۲ آیهٔ بعدی، تنها از چه طریقی می‌توانیم خدا را بشناسیم؟

خدا روح است و پرستندگانش باید او را در روح و راستی بپرستند. (یوحنا ۴:۲۴)

عیسی به او گفت: من راه و راستی و حیات هستم؛ هیچ‌کس جز به‌واسطهٔ من، نزد پدر نمی‌آید. (یوحنا ۱۴:۶)

عیسای مسیح به ما می‌گوید که تنها از طریق راستی می‌توانیم به نزد خدا برویم (مسیح در اناجیل، ۷۸ مرتبه می‌گوید حقیقت را به شما می‌گویم).

بر اساس این آیات از نظر پولس، چه مسئله‌ای با پیروی از عیسای مسیح سازگار نیست؟

نیز می‌دانیم که شریعت نه برای درستکاران، بلکه برای قانون‌شکنان و سرکشان وضع شده است، برای بی‌دینان و گناهکاران، و ناپاکان و کافران؛ برای قاتلان پدر و قاتلان مادر؛ برای آدمکشان، زنا کاران و لواط گران؛ برای آدم‌ربایان، دروغ‌گویان و شهادت‌دهندگانِ به‌دروغ، و نیز برای هر عملی که خلاف تعلیم صحیح باشد، تعلیم منطبق بر انجیلِ پرجلالِ خدای متبارک که به من سپرده شده است. (اول تیموتائوس ۱:۹-۱۱)

پولس شرح می‌دهد که دروغ گفتن با پیروی از عیسای مسیح سازگار نیست.

دعا برای انکار و دست کشیدن از فریب‌ها را بایستی در وحدت و ایستاده و با صدای بلند بخوانید.

اعلانات و دعا برای انکار و دست کشیدن از فریب‌ها

خدای پدر، تو را بابت اینکه خدای راستی و حقیقت هستی شکر می‌کنم. سپاسگزارم که نور خود را در تاریک‌ترین شب‌ها بر ما می‌تابانی. امروز تصمیم می‌گیرم که دیگر نه در ظلمت زندگی، بلکه در نور تو زندگی کنم و گام بردارم.

لطفاً من را بابت تمام دروغ‌هایی که به زبان آورده‌ام ببخش. بارها به‌جای اینکه کار صحیح و راستین را انجام دهم، مسیر راحت را برگزیدم. از تو می‌طلبم ای خداوند، تا لبانم را از هر آنچه که از تو نیست و از تمام ناپاکی‌ها پاک کنی. دلی به من عطا کن تا در شنیدن حقیقت شادمانی کند و مرا زبانی ببخش که همواره آماده است تا حقیقت را به دیگران بشناساند.

مرا شهامت ببخش تا در راستی و حقیقتْ آرامش داشته باشم و دروغ‌ها را رد و انکار کنم.

امروز تصمیم می‌گیرم دیگر هرگز در زندگی روزمره‌ام از دروغ و فریب استفاده نکنم.

تمام تعلیمات اسلام را که برای توجیه دروغ‌ها هستند به همراه تقیه، انکار می‌کنم و از آن‌ها دست می‌کشم. تصمیم می‌گیرم از دروغ گفتن و فریب، توبه کنم. انتخاب می‌کنم تا در راستی زندگی کنم.

اعلام می‌کنم عیسای مسیح، راه و راستی و حیات است. تصمیم می‌گیرم که تحت حفاظت حقیقت و راستی مسیح زیست کنم.

اعلام می‌کنم که در تو امنیت دارم و حقیقت و راستی من را آزاد خواهد کرد.

ای پدر آسمانی، لطفاً به من نشان بده چگونه می‌توانم زیر نور حقیقت و راستی تو گام بردارم. مطابق حقیقتت، کلامی که باید به زبان‌آورم را به من عطا فرما و راهی را که باید مطابق آن گام بردارم، بر من نمایان ساز.

آمین

رهایی از احساس برتری کاذب

در این بخش، تعالیم اسلام مبنی‌بر اینکه عده‌ای بر سایر عده‌ای دیگر برتری دارند را مد نظر می گیریم و این تعلیمات را با تعالیم کتاب مقدس مقایسه می‌کنیم. سپس تصمیم می‌گیریم تا احساس برتری کاذب را انکار کرده و از آن دست بکشیم.

ادعای اسلام در زمینهٔ برتری بر سایرین

تأکید بسیار اسلام بر برتری: یعنی وجود افرادی که بهترین هستند. قرآن می‌گوید مسلمانان از مسیحیان و یهودیان، بهتر و برتر هستند. قرآن دربارهٔ مسلمانان می‌گوید:

> شما بهترین امتی بودید که به سود انسان‌ها آفریده شده‌اند؛ (چه اینکه) امر به‌معروف و نهی از منکر می‌کنید و به خدا ایمان‌دارید؛ و اگر اهل کتاب، (به چنین برنامه و آیین درخشانی)، ایمان آورند، برای آن‌ها بهتر است! (ولی تنها) عده کمی از آن‌ها با ایمان‌اند، و بیشتر آن‌ها فاسقند، و خارج از اطاعت پروردگار. (ق ۳: ۱۱۰)

قرآن می‌گوید مسلمین باید بر تمام ادیان دیگر حکومت کنند.

www.ingramcontent.com/pod-product-compliance
Lightning Source LLC
Chambersburg PA
CBHW061328040426
42444CB00011B/2814
9781923067158

> او کسی است که رسولش را با هدایت و دین حق فرستاده تا آن را بر همه ادایان پیروز کند؛ و کافی است که خدا گواه این موضوع باشد! (ق ۴۸:۲۸)

در اسلامْ فروتنی، شرم‌آور است. احادیث زیادی از محمد وجود دارد که تأکید فراوانی را بر موضوعِ برتری مسلمین دارد. به‌عنوان مثال، محمد در حدیثی که ترمذی از آن نقل‌قول کرده، گفته است که او از تمام انسان‌ها برتر است.

> «من سرور و آقای فرزندان آدم در روز قیامت هستم؛ و شکی نیست که ایشان سرور فرزندان آدم و شریف ترین آنان نزد اللّٰه متعال است؛ پرچم سجده و پرستش در دستان من خواهد بود، و در آن روز همهٔ انبیاء من‌جمله آدم، تحت شفاعت من قرار خواهند گرفت. من اولین کسی خواهم بود که رستاخیز می‌کند.»

دین اسلام تأثیر عمیقی بر فرهنگ اقوام عرب گذاشته و هزاران سال است که اسلام فرهنگ اعراب را شکل داده. در فرهنگ اعراب مفهوم احترام و شرم بسیار مهم است، بنابراین مردم نمی‌خواهند به هیچ شکل حقیر یا فروتن جلوه کنند. پس هنگامی که درگیری به‌وجود می‌آید، سعی می‌کنند یکدیگر را تحقیر کنند و این کار را با اهانت به یکدیگر انجام می‌دهند.

هنگامی که کسی اسلام را ترک می‌کند و تصمیم می‌گیرد عیسای مسیح را پیروی کند، بایستی جهان‌بینی احساساتی اسلام را که در آن، شخص باید نسبت به سایرین احساس برتری کند و از این احساس برتری کاذبْ خشنود باشد، به همراه ترس از شرمندگی رها کرده و کنار بگذارد.

مواجهه با حقیقت

در باغ عدن، مار حوا را با این جمله که او می‌تواند مانند خدا شود فریب داد و به همین دلیل حوا به آنچه که مار می‌خواست عمل کرد. این کار حوا باعث شد آدم و حوا از باغ عدن سقوط کنند. از این بخش از کلام خدا دربارهٔ سلطه‌جویی چه می‌آموزیم؟

> زن به مار گفت: «از میوهٔ درختان باغ می‌خوریم، اما خدا گفته است، "از میوهٔ درختی که در وسط باغ است مخورید و بدان دست مزنید، مبادا بمیرید."»

> مار به زن گفت: «به‌یقین نخواهید مرد. بلکه خدا می‌داند روزی که از آن بخورید، چشمان شما باز خواهد شد و همچون خدا شناسندهٔ نیک و بد خواهید بود.» (پیدایش ۳:۲-۵)

استیلاجویی برای انسان یک تله محسوب می‌شود: افرادی که مایل هستند بر دیگران برتری یابند، برای دیگران رنج‌ها و دردسرهای فراوانی ایجاد می‌کنند.

گاهی این سؤال میان پیروان مسیح مطرح می‌شد که چه کسی در میان آن‌ها از سایرین برتر است؟ یعقوب و یوحنا می‌خواستند بدانند چه کسی در پادشاهی عیسای مسیح بیش

از سایرین مورد احترام خواهد بود. مانند یعقوب و یوحنا، تمام انسان‌ها مایل‌اند از افتخار و وقار بیشتری برخوردار شوند؛ اما پاسخ مسیح در این‌باره چیست؟

یعقوب و یوحنا پسران زِبِدی نزد او آمدند و گفتند: «استاد، تقاضا داریم آنچه از تو می‌خواهیم، برایمان به‌جای آوری!»

بدیشان گفت: «چه می‌خواهید برایتان بکنم؟»

گفتند: «عطا فرما که در جلال تو، یکی بر جانب راست و دیگری بر جانب چپ تو بنشینیم.»

چون ده شاگرد دیگر از این امر آگاه شدند، بر یعقوب و یوحنا خشم گرفتند. عیسی ایشان را فراخواند و گفت: شما می‌دانید آنان که حاکمان دیگر قوم‌ها[13] شمرده می‌شوند بر ایشان سروری می‌کنند و بزرگان شان بر ایشان فرمان می‌رانند. امّا در میان شما چنین نباشد. هر که می‌خواهد در میان شما بزرگ باشد، باید خادم شما شود؛ و هر که می‌خواهد در میان شما اوّل باشد، باید غلام همه گردد. چنانکه پسر انسان نیز نیامد تا خدمتش کنند، بلکه آمد تا خدمت کند و جانش را چون بهای رهایی درراه بسیاری بنهاد.
(مرقس ۱۰:۳۵-۴۵)

مسیح در پاسخ توضیح داد که اگر شاگردانش حقیقتاً مایل‌اند او را پیروی کنند، باید راه خدمت به دیگران را بیاموزند.

خطر احساس استیلاجویی در داستان پسر گمشده نیز قابل‌مشاهده است (لوقا ۱۵:۱۱-۳۲). پسر نیکوی پدر، نسبت به برادرش احساس برتری می‌کرد؛ در نتیجه، نمی‌توانست به ضیافت پدرش ملحق شود که بابت بازگشت پسر کوچک‌تر خود شادمانی می‌کرد. به همین دلیل پدر او را توبیخ نمود. راه موفقیت حقیقی در دیدگاه خدا این است که همواره به دنبال خدمت به سایرین باشیم، نه اینکه سعی کنیم بر سایرین برتری داشته و یا بر ایشان سروری کنیم.

با توجه به این آیات زیبا از فیلیپیان باب ۲، کلید رهایی از سرکوب و تمایل برای استیلاجویی بر سایرین در این جهان چیست؟

پس اگر در مسیح دلگرم هستید، اگر محبت او مایهٔ تسلی شماست، اگر در روحْ رفاقت دارید، و اگر از رحم و شفقت برخوردارید، بیایید شادی مرا به کمال رسانید و با یکدیگر وحدت نظر و محبت متقابل داشته، یکدل و یک رأی باشید. هیچ کاری را از سَرِ جاه‌طلبی یا تکبّر نکنید، بلکه با فروتنی دیگران را از خود بهتر بدانید. هیچ‌یک از شما تنها به فکر خود نباشد، بلکه به دیگران نیز بیندیشد.

---

۱۳ هنگامی که مسیح به غیر یهودیان اشاره می‌کند، در اصل به تمام اقوام بشر اشاره دارد: این ذات تمام بشر است که مایل است احساس کند از اهمیت برخوردار است.

همان طرز فکر را داشته باشید که مسیحْ عیسی داشت: او که هم ذات با خدا بود، از برابری باخدا به نفع خود بهره نجست، بلکه خود را خالی کرد و ذات غلام پذیرفته، به شباهت آدمیان درآمد.

و چون در سیمای بشری یافت شد خود را خوار ساخت و تا به مرگ، حتی مرگ بر صلیب مطیع گردید.

پس خدا نیز او را به‌غایت سرافراز کرد و نامی برتر از همهٔ نام‌ها به او بخشید، تا به نام عیسی هر زانویی خم شود، در آسمان، بر زمین و در زیر زمین، و هر زبانی اقرار کند که عیسای مسیح 'خداوند' است، برای جلال خدای پدر. (فیلیپیان ۲:۱-۱۱)

نکتهٔ کلیدی در رهایی از جهان‌بینی سرکوب‌گر و سلطه‌جویانه، این است که از الگوی عیسای مسیح پیروی نماییم.

قلب مسیح کاملاً منحصربه‌فرد است. انتخاب او این بود که به‌جای مغلوب ساختن دیگران، خدمت نماید. او کسی را نکشت بلکه جان خود را برای آدمیان تقدیم کرد. او به‌نحوی عملی نشان داد معنای خود را فروتن ساختن چیست: او خود را خوار ساخت (فیلیپیان ۲:۷) حتی اجازه داد تا او را بر صلیب کنند؛ مصلوب شدن در آن دوران، ننگین‌ترین نوع اعدام محسوب می‌شد.

پیرو حقیقی مسیح نیز این‌چنین عمل می‌کند. او از احساس برتری لذتی نمی‌برد. پیروان حقیقی مسیح از خوار شمرده شدن و یا دیدگاه دیگران ترسی ندارند، چراکه ایمان‌دارند خداوند، به آن‌ها اعتبار می‌بخشد و از ایشان حفاظت می‌کند.

این دعای انکار و کنار گذاشتن احساس برتری کاذب بر سایرین، باید توسط تمام شرکت‌کنندگان با صدای بلند، در وحدت و ایستاده خواند شود.

اعلانات و دعا برای انکار و دست کشیدن از احساس برتری

دروغین

ای پدر آسمانی، تو را سپاس می‌گویم که شگفت‌انگیز خلق شده‌ام، چراکه تو خالق من هستی. بابت محبتت و اینکه من را فرزندخواندهٔ خود خطاب کرده‌ای، تو را شکر می‌کنم. بابت اینکه افتخار دارم عیسای مسیح را پیروی کنم، شکرگزارت هستم.

لطفاً من را ببخش به‌خاطر اینکه حاضر شدم احساس برتری را بپذیرم. از تمام تمایلات سلطه‌جویانه دست می‌کشم و چنین تمایلاتی را انکار می‌کنم. مایل نیستم آرامش خود را در احساس برتری بر سایرین بیابم. می‌پذیرم که درست مثل تمامی انسان‌های دیگر گناهکار هستم و بدون تو، قدرت انجام هیچ کاری را ندارم.

همچنین از احساس تعلق به گروه‌های برتری طلب دست می‌کشم و توبه می‌کنم. اعتراف می‌کنم که تمامی انسان‌ها پیش چشمان تو، با یکدیگر برابر هستند.

از به زبان آوردن کلمات تحقیرآمیز دربارهٔ دیگران و نپذیرفتن دیگران توبه می‌کنم و بابت تمام کلمات تحقیرآمیزی که به زبان رانده‌ام از تو طلب بخشش می‌کنم.

از اینکه دیگران را بابت نژاد، جنسیت، ثروت و تحصیلاتشان کم‌ارزش‌تر ببینم، دست می‌کشم و توبه می‌کنم.

اعلام می‌کنم تنها به‌واسطهٔ فیض تو است که می‌توانم در حضورت بایستم. خود را از تمام قضاوت‌ها و داوری‌های بشری جدا می‌کنم و تنها به تو که یگانه منجی من هستی چشم می‌دوزم.

به‌طور ویژه، تعلیم اسلام را مبنی بر اینکه درستکاران از سایرین برتر هستند و اینکه اسلام باعث رستگاری انسان‌ها می‌شود و اینکه مسلمانان بر غیرمسلمانان برتری دارند، انکار می‌کنم و از چنین باورهایی دست می‌کشم.

این ادعا را که مردان از زنان برتر هستند انکار می‌کنم.

ای پدر آسمانی، از تمام احساسات دروغین سلطه‌جویانه توبه می‌کنم؛ زیرا انتخابم این است که تنها تو را خدمت کنم.

خداوندا، تصمیم می‌گیرم در موفقیت سایرین شادی کنم و از حسادت و رشک بردن به دیگران دست می‌کشم.

خداوندا، لطفاً من را دربارهٔ هویتی که در تو دارم بینشی دقیق و تازه ببخش. حقیقت دیدگاهی که دربارهٔ من داری را بر من عیان ساز. کاری کن تا به عنوان انسانی که مطابق ارادهٔ تو خلق شده است، احساس رضایتمندی داشته باشم.

آمین

رهایی از لعن و نفرین

در این بخش راجع‌به نفرین و لعنت سایرین در اسلام صحبت می‌کنیم و تصمیم می‌گیریم از این عمل دست بکشیم و آن را انکار نماییم و تمام لعنت‌هایی که علیه‌مان به زبان آورده شده است را بشکنیم و باطل سازیم.

لعن و نفرین در اسلام

با استفاده از منابع فصل ۲، ایمان‌داران می‌توانند به‌وسیلهٔ دعا، راهکارهایی را ایجاد کنند تا به سایرین کمک کنند از انواع اسارت‌هایی که از اسلام یا منابع دیگر نشات می‌گیرد رهایی یابند.

در این بخش مراسم ویژهٔ اسلامی را در نظر می‌گیریم و دعایی را برای انکار و دست کشیدن از آن تقدیمتان می‌کنیم. این دعا را برای این تقدیمتان می‌کنم که یک دوست

مسیحی با پیشینهٔ اسلامی به من گفت، مراسمی که از آن یاد می‌شود بخش بزرگی از تجربهٔ مذهبی او در اسلام بوده است؛ بنابراین او احساس می‌کرد که این مراسم مذهبی اسلام از قدرت روحانی برخوردار است.

قرآن به مسلمانان فرمان می‌دهد تا مسیحیانی را لعنت کنند که عیسای مسیح را دارای الوهیت می‌دانند: «هرگاه بعد از علم و دانشی که (دربارهٔ مسیح) به تو رسیده، (باز) کسانی با تو به مبارزه و ستیز برخیزند، به آن‌ها بگو: بیایید ما فرزندان خود را دعوت کنیم، شما هم فرزندان خود را؛ ما زنان خویش را دعوت نماییم، شما هم زنان خود را؛ ما از نفوس خود دعوت کنیم، شما هم از نفوس خود؛ آنگاه مباهله کنیم؛ و لعنت خدا را بر دروغ‌گویان قرار دهیم.» (ق ۶۱:۳)

با این حال، احادیثْ عبارات متضادی دربارهٔ لعنت کردن دیگران بیان کرده‌اند. از یک سو، در چندین حدیث می‌بینیم که محمد گروه‌های مختلف مثل یهودیان و مسیحیان و یا زنان و مردانی که از جنس مخالف تقلید می‌کنند را لعنت کرده است. از سوی دیگر، احادیثی را می‌بینیم که علیه خطرات لعنت کردنِ دیگران، هشدار می‌دهند و می‌گویند یک مسلمان هرگز نباید مسلمان دیگری را لعنت کند.

بر اساس این روایات متضاد، فقهای اسلام دیدگاه‌های متفاوتی دارند دربارهٔ اینکه آیا مسلمانان اجازه دارند دیگران را لعنت کنند و اینکه مسلمین حق دارند چه کسانی را لعنت کنند و روش اسلامی لعنت کردن سایرین چگونه است. با این وجود، لعنت کردن غیرمسلمانان در جوامع و فرهنگ‌های اسلامی بسیار متداول است. در سال ۱۸۳۶ ادوارد لین نوشت: در مدارس اسلامی مصر به دانش آموزان تعلیم داده می‌شود چگونه مسیحیان، یهودیان و تمام کسانی که به اسلام ایمان ندارند را لعنت کنند.[۱۴]

مراسم مذهبی لعنت کردن

با ایمان‌دارانی که پیشینهٔ اسلامی داشتند و در کشورهای گوناگون زندگی کرده بودند صحبت کردم، آن‌ها از مراسم لعنت کردن غیرمسلمانان در مساجد سخن گفتند.

یکی از دوستانم این مراسم را که توسط امام، یعنی رهبر نماز جمعه اجرا می‌شود را توصیف می‌کرد و می‌گفت: «در نماز جمعه، مردان به صف و شانه‌به‌شانه می‌نشستند و در وحدت، دشمنان اسلام را به تقلید از امام‌جمعه لعنت می‌کردند. لعنت‌ها در قالب یک فریضهٔ دینی بارها و بارها تکرار می‌شدند.» دوست من می‌گفت که لعنت کردن دشمنان اسلام، به مسلمین احساس سرخوشی می‌داد و باعث می‌شد مسلمانان در این مراسم، با نفرت‌ورزی نسبت به غیرمسلمانان هیجان‌زده شوند و به لحاظ روحانی، قدرت روحانی زیادی را احساس کنند (به‌نحوی که گویا قدرتی در بدن آن‌ها جریان دارد). شرکت جستن در این مراسم، طبق تجربهٔ دوستی که از نماز جمعه سخن می‌گفت، نسل به نسل از پدر

---

۱۴ ادوارد دبلیو. لین، *An Account of the Manners and Customs of the Modern Egyptians*، صفحهٔ ۲۷۶

به پسر منتقل می‌شود و باعث همبستگی بین مسلمین است. او می‌گفت با شرکت در این مراسم با پدرش و به‌واسطهٔ پدرش با پدربزرگش و به همین ترتیب اجداد خود احساس همبستگی می‌کرده. چراکه همهٔ مسلمانان، شانه‌به‌شانه در مراسم نماز جمعه به‌خاطر اسلام، نامسلمانان را لعنت می‌کنند.

دوست مسیحی دیگری از عربستان که پیشینهٔ اسلامی داشت، اعلام می‌کرد که همواره انتظار ماه رمضان و روزه‌داری را می‌کشیده است؛ به‌نحوی که هزاران مرد در مسجد بزرگ مکه کنار هم جمع می‌شدند تا با هم نماز بخوانند. او می‌گفت همواره انتظار لحظه‌ای را می‌کشیده که مسلمانان در اتحاد، غیرمسلمانان را لعنت کنند. او می‌گفت: «هرگاه در لعنت‌ها مشارکت داشتم، قدرت روحانی زیادی را احساس می‌کردم. امام در حالی که اشک می‌ریخت، کافران را لعنت می‌کرد و همهٔ حاضرین در این مراسمْ قدرت روحانی خود را بر نفرت از کافران متمرکز می‌کردند تا از لعنت‌هایی که امام جاری می‌سازد، حمایت کنند.»

چنین جلسات مذهبی با تعلیم مسیح مبنی‌بر حکم لعنت نکردن دیگران در تضاد است (لوقا ۶:۲۸). مسیح به مسیحیان تعلیم می‌دهد که از لعنت کردن دیگران اجتناب کنند و لعنت‌ها را با برکت دادن پاسخ دهند. شرکت در چنین مراسم مذهبی در اسلام، بین امام و امت اسلامی و همچنین پدران و پسران گره یا یک رابطهٔ روحانی ناپاک را برقرار می‌سازد. دوست من اعلام می‌کرد که تجربهٔ شرکت در این مراسم و لعنتِ غیرمسلمانان در سنین جوانی، پیش از اینکه مسیح را بشناسد، تأثیر منفی عمیقی در زندگی او داشته است.

معنی رابطهٔ ناپاک روحانی چیست؟ معنایش این است که روح یک شخص به شخص دیگر بسته می‌شود و آن‌ها از یکدیگر رها نمی‌شوند. گره روحانی ناپاک، به‌نحوی مثل یک در باز و یا یک جای پا برای شیطان است؛ دربارهٔ این مورد، در فصل دوم سخن گفتیم. در اصل گره یا رابطهٔ روحانی، عهدی است که دو نفر را تحت تأثیر امری روحانی به یکدیگر مرتبط و متصل می‌سازد.

در این حالت، تأثیرات روحانی از یک شخص به شخص دیگر انتقال می‌یابد. گاهی گره‌ها یا ارتباطات روحانی می‌تواند نیکو و منشأیی از برکت باشد، به‌عنوان مثال، می‌توان از رابطهٔ روحانی یا همبستگی روحانی بین والدین و فرزند نام برد؛ اما و گره‌ها یا رابطه‌های ناپاک روحانی می‌تواند منشأ آسیب باشد. هنگامی که کسی چنین وابستگی‌های روحانی ناپاکی به دیگری دارد، برای قطع این رابطه یا وابستگی روحانی ناپاک، بخشیدن آن شخص، بسیار مهم است. تا زمانی که شخصی، دیگری را نبخشیده، ارتباط روحانی ناپاک بین آن‌ها برقرار باقی می‌ماند.

ارتباطات یا گره‌های روحانی ممکن است ناپاک باشند، اما خوشبختانه مسیحیان می‌توانند ارتباطاتِ ناپاک روحانی خود را با دیگران قطع کنند و قادرند این کار را از طریق پنج قدمی که در فصل دوم عنوان شد؛ یعنی اعتراف، توبه و انکار، شکستن و باطل ساختن رابطه، اخراج ارواح پلید (در صورت لزوم) و نهایتاً برکت دادن به انجام رسانند.

چگونه لعنت را باطل سازیم

در حال تعلیم در یک کنفرانس بودم که مردی جوان نزد من آمد و از من کمک خواست. او و خانواده‌اش، به خاورمیانه مهاجرت کرده بودند و او به‌عنوان یک خادم مسیحی در حال تعلیم دیدن بود. با این وجود، خانوادهٔ او دائماً متوجه سختی‌های زیادی مانند سوانح و بیماری‌ها بودند. شرایط آن‌ها تا حدی بد شده بود که به برگشتن می‌اندیشیدند. آن مرد جوان فکر می‌کرد آیا ممکن است خانهٔ آن‌ها لعنت شده باشد و نمی‌دانست که باید در این‌باره چه کند. به او تعلیم دادم که چگونه می‌تواند لعنت‌ها را بشکند و باطل سازد. سپس او با این توصیه به خانه بازگشت و با قدرت، در آپارتمانشان به دعا پرداخت و تمام لعنت‌ها را باطل ساخت. پس از این اتفاق، مشکلات خانوادهٔ آن مرد جوان رفع شد و آن‌ها توانستند از آرامش خانهٔ خود لذت ببرند.

بسیاری از خادمینی که مسلمانان را خدمت می‌کنند و حتی برخی از آن‌ها که پیشینهٔ اسلامی دارند توسط مسلمین مورد لعنت قرار می‌گیرند. این لعنت‌ها ممکن است در نام اللّه و یا با استفاده از سحر و جادو جاری شده باشد.

اگر معتقدید شما و یا عزیزانتان ممکن است زیر لعنت باشید، می‌توانید از طریق نُه قدمی که عنوان می‌شود لعنت‌ها را باطل سازید:

- ابتدا گناهانتان را اعتراف و از آن‌ها توبه کنید؛ به‌علاوه اعلام کنید که خون عیسای مسیح، روی گناهان شما را پوشانده است.
- سپس هر جسم ناپاکی که از خدا نیست و به خدایان دروغین تقدیم شده از خانهٔ خود بیرون بیندازید.
- سپس هرکسی که شما را چه به‌واسطهٔ گناه و چه به‌واسطهٔ انجام مراسمی عامدانه لعنت کرده، ببخشید؛ در این بخش، ممکن است نیاز باشد خودتان را هم ببخشید.
- قدرتی که در مسیح از آن برخوردارید را بشناسید و به کار بگیرید.
- لعنت‌ها را بشکنید و باطل سازید، بگویید: «این لعنت را در نام عیسای مسیح باطل می‌سازم.» در انجام این کار می‌توانید قدرت و حاکمیت مطلق عیسای مسیح اعلام کنید که به‌واسطهٔ صلیبش، بر ترفندها و نیروهای ظلمت برتری دارد.
- خود را در مسیح از اسارت‌های شریر رها بخوانید؛ چراکه به‌واسطهٔ عملی که مسیح بر صلیب به انجام رساند از رهایی برخوردار هستید.
- هر دیو یا روح پلیدی را که به‌واسطهٔ لعنت بر شما و خانواده یا خانهٔ شما استیلا یافته را فرمان دهید تا شما، خانواده و خانه‌تان را ترک کند.

- سپس برکت را برای خودتان، خانواده و نیز خانهٔ خود به زبان‌آورید، می‌توانید نقطهٔ مقابل لعنتی را که علیه شما جاری کرده‌اند را به زبان‌آورید. استفاده از آیات کتاب مقدس نظیر «من نخواهم مرد، بلکه زیست خواهم کرد، و کارهای خداوند را باز خواهم گفت» (مزمور ۱۱۸:۱۷) می‌تواند مناسب باشد.
- خداوند را بابت محبت، قدرت و فیض مهیبش جلال دهید و پرستش نمایید.

مواجهه با حقیقت

این آیه دربارهٔ نحوهٔ رها شدن ما از لعنت‌ها چه می‌گوید؟

> در او، ما به‌واسطهٔ خون وی رهایی یافته‌ایم، که این همان آمرزش گناهان است، که آن را به‌اندازهٔ غنای فیض خود، (افسسیان ۱:۷)

به‌خاطر نجاتی که در خون عیسای مسیح یافته‌ایم، می‌توانیم از لعنت‌ها رهایی بیابیم.

یک مسیحی علیه نیروهای شریر از چه اقتداری برخوردار است؟

> اینک شما را اقتدار می‌بخشم که ماران و عقرب‌ها و تمامی قدرت دشمن را پایمال کنید، و هیچ چیز به شما آسیب نخواهد رسانید. (لوقا ۱۰:۱۹)

باید درک کنیم که در مسیح، می‌توانیم تمام قدرت‌های دشمن را که شامل تمام لعنت‌ها می‌باشد را نابود کنیم.

بر اساس این آیه، عیسای مسیح چرا به جهان ما گام نهاد؟

> از همین رو پسر خدا ظهور کرد تا کارهای ابلیس را باطل سازد. (اول یوحنا ۳:۸)

عیسای مسیح آمد تا قدرت ابلیس را که شامل تمام لعنت‌های شرارت‌بار است نابود سازد.

صلیب عیسای مسیح، چگونه حکم تثنیه ۲۱:۲۳ را به انجام رساند؟

> مسیح به‌جای ما لعن شد و این‌گونه ما را از لعنت شریعت بازخرید کرد، زیرا نوشته شده که «هر که به دار آویخته شود ملعون است.» او چنین کرد تا برکت ابراهیم در مسیحْ عیسی نصیب غیریهودیان گردد، و تا ما آن روح را که وعده داده شده بود، از راه ایمان دریافت کنیم. (غلاطیان ۳:۱۳ و ۱۴)

در تثنیه ۲۱:۲۳ گفته شده است هرکسی که به دار آویخته شود ملعون است. عیسای مسیح به این شکل ملعون شد، او را به صلیب کشیدند، تا ما بتوانیم از این لعنت جان سالم به در بریم. او به‌جای ما لعن شد تا بتوانیم برکات را دریافت کنیم.

این آیه دربارهٔ لعنت نا روا چه گفته است؟

همچون گنجشکِ سرگردان و پرستوی در پرواز، لعنتِ ناروا نیز بر کسی قرار نگیرد. (امثال ۲:۲۶)

این آیه به ما یادآور می‌شود که هنگامی که حفاظت خون عیسای مسیح و رهایی که در صلیب از آن برخوردار شده‌ایم را اعلام می‌کنیم و در زندگی به کار می‌بندیم، می‌توانیم از هر لعنتی رها شویم.

این آیه دربارهٔ قدرت خون مسیح در مقابل لعنت‌ها چه می‌گوید؟

بلکه به کوه صَهیون نزدیک آمده‌اید، به عیسی که واسطهٔ عهدی جدید است، و به خونِ پاشیده‌ای که نیکوتر از خون هابیل سخن می‌گوید. (عبرانیان ۲۴:۱۲)

خون عیسای مسیح از کلامی نیکوتر از لعنت قائن سخن می‌گوید که به‌واسطهٔ ریختن خون برادرش هابیل بر او قرار گرفت. خون پاشیده مسیح، همچنین کلامی نیکوتر از لعنت‌هایی که بر ما قرارگرفته است را بیان می‌کند.

چه فرمان مثبت و الگویی در لوقا ۶ و رساله‌های پولس به مسیحیان داده شده است؟

امّا ای شما که گوش فرا می‌دهید، به شما می‌گویم که دشمنان خود را محبت نمایید و به آنان که از شما نفرت دارند، نیکی کنید. برای هر که نفرین تان کند برکت بطلبید، و هر کس را که آزارتان دهد دعای خیر کنید. (لوقا ۶:۲۷-۲۸)

برای کسانی که به شما آزار می‌رسانند، برکت بطلبید؛ برکت بطلبید و لعن نکنید! (رومیان ۱۴:۱۲)

با دسترنج خود معاشمان را تأمین می‌کنیم. چون لعن مان کنند، برکت می‌طلبیم؛ و چون آزار بینیم، تحمّل می‌کنیم؛ (اول قرنتیان ۱۲:۴)

مسیحیان فراخوانده شده‌اند تا قوم برکت باشند، و همواره چه دوستان و چه دشمنان خود را برکت دهند.

این دعا برای رهایی از تأثیرات شرکت در مراسم لعنت غیرمسلمانان تقدیمتان می‌شود و همچنین می‌توانید به‌واسطهٔ این دعا از لعنت‌هایی که سایرین علیه شما جاری کرده‌اند رها شوید. این دعا اصولی را که در فصل ۲ فراگرفته‌اید به کار می‌گیرد.

اعلانات و دعا برای دست کشیدن از لعنت کردن دیگران و باطل ساختن لعنت‌ها

گناهانی را اعتراف می‌کنم که اجدادم، والدینم و خودم به‌خاطر لعنت دیگران در نام اسلام مرتکب شده‌ایم.

تصمیم می‌گیرم اجدادم، پدرم و امام‌هایی که اجدادم، پدرم و من را در مراسم لعنت غیرمسلمانان هدایت کرده‌اند ببخشم و رها کنم؛ تمام کسانی را که روی من تأثیر گذاشتند تا مرتکب این گناه شوم را بابت عواقبی که در زندگی به‌واسطهٔ تأثیرات مراسم لعنت غیرمسلمانان تجربه کرده‌ام می‌بخشم و رها می‌کنم.

تصمیم می‌گیرم تمام کسانی که من و یا خانواده‌ام را لعنت کرده‌اند ببخشم.

خداوندا از تو می‌طلبم که من را بابت شرکت در مراسم مذهبی لعنت غیرمسلمانان و بابت لعنت کردن دیگران ببخشی،

همین حالا بخشایشی را که به من ارزانی داشتی دریافت می‌کنم و می‌پذیرم.

خداوندا بر اساس بخشایشی که از تو دریافت کرده‌ام، تصمیم می‌گیرم تا خودم را بابت لعنت کردن دیگران ببخشم.

از گناه لعنت دیگران و هر لعنت دیگری که به‌واسطهٔ این گناه وارد زندگی من شده است دست می‌کشم، آن را باطل می‌سازم.

از نفرت داشتن نسبت به دیگران دست می‌کشم.

از احساسات عمیق و شدیدی که هنگام شرکت در مراسم لعنت غیرمسلمانان و دیگران به من دست می‌داد دست می‌کشم.

به‌واسطهٔ نجاتی که مسیح بر صلیب برای من مهیا ساخته است تمام این قدرت‌ها را در زندگی خودم (و نسل و نوادگانم) می‌شکنم.

خداوندا از تو می‌طلبم تا تمام لعنت‌هایی که در آن‌ها مشارکت داشتم را باطل سازی و افرادی که لعنت کرده‌ام را با برکات پادشاهی خود برکت دهی.

در نام عیسای مسیح، تمام لعنت‌هایی که علیه من جاری شده‌اند را انکار و باطل می‌سازم.

تمام ارواح پلید نفرت و لعنت را انکار می‌کنم و ضمن باطل ساختن قدرتشان در نام عیسای مسیح، به آن‌ها فرمان می‌دهم تا همین حالا من را ترک کنند.

رهایی خداوند را، از تمام لعنت‌هایی که علیه من و خانواده‌ام جاری شدند دریافت می‌کنم. صلح، مهربانی و قدرت برای برکت دادن سایرین را از خداوند دریافت می‌کنم.

لبانم را تقدیس می‌کنم تا در تمام طول عمرم، کلام ستایش و پرستش خداوند و برکات را به زبان آورم.

در نام عیسای مسیح، برکت پادشاهی خداوند را که شامل حیات، صلح، سلامت و شادمانی است را بر خود و خانواده‌ام اعلام می‌کنم.

تمام ارتباطات ناپاک و روابط روحانی ناپاکی که از خدا نیستند با امام‌ها و رهبران اسلامی که من را در مراسم‌های اسلامی شامل مراسم لعنت دیگران و نماز جمعه هدایت کردند، می‌شکنم و باطل می‌سازم.

رهبران اسلامی‌ای که چنین روابط ناپاک روحانی را با من برقرار کرده و یا به تداوم این روابط کمک کرده‌اند را می‌بخشم و آزاد می‌کنم.

خودم را بابت شرکت در این روابط ناپاک روحانی با مسلمانانی که در مراسم مذهبی اسلامی و نماز جمعه از آن‌ها تقلید کردم می‌بخشم.

خداوندا، از تو می‌طلبم تا تمام گناهانی که در این زمینه مرتکب شده‌ام را ببخشی؛ به‌خصوص بابت گناهانی از تو طلب بخشش می‌کنم که به‌واسطهٔ لعنت و نفرت‌ورزی به دیگران مرتکب شدم.

همین حالا هر گره روحانی و یا ارتباطات ناپاک روحانی‌ای را که با رهبران اسلامی (در اینجا می‌توانید افرادی که نام آن‌ها به ذهنتان می‌آید را نام ببرید) می‌شکنم و خودم را از آن‌ها و آن‌ها را از خودم جدا می‌کنم.

خداوندا، لطفاً ذهن من را از تمامی خاطرات وحدت‌های ناپاکی که داشته‌ام پاک بساز تا بتوانم آزادانه، تمام جانم را وقف تو نمایم.

وظایف تمام ارواح پلیدی که مایل‌اند این گره‌های روحانی ناپاک در من باقی بمانند را باطل می‌سازم و ارواح پلید را فرمان می‌دهم تا همین حالا در نام عیسای مسیح، من را ترک کنند.

خود را وقف عیسای مسیح می‌کنم و تصمیم دارم تنها او را پیروی نمایم.

آمین

۸

یک کلیسای آزاد

کسی که در من می‌ماند و من در او، میوهٔ بسیار می‌آورد؛

یوحنا ۵:۱۵

این فصل پیشنهاداتی را برای حمایت از مسیر صحیح شاگردسازی و ایجاد محیطی سالم در کلیسا ارائه می‌دهد که برای ایمان‌دارانی مناسب است که پیشینهٔ مسلمانی دارند: منظور افرادی است که تصمیم گرفته‌اند اسلام را ترک کنند تا از مسیح پیروی نمایند. نیکوست که هر شاگرد مسیح، همواره مایل و آماده باشد تا خدمت کرده و در پی انجام دادن اهدافی باشد که خدا برای او مدنظر دارد (دوم تیموتائوس ۲:۲۰ و ۲۱). ولی برای رسیدن به این نقطه، همهٔ ایمان‌داران باید در کلیسایی سالم زیست کنند که از رشد آن‌ها حمایت می‌کند. قبل از اینکه به چگونگی رسیدن به این نقطه بیندیشید؛ ابتدا باید سه چالش را در نظر بگیرید که سر راه ایمان‌داران با پیشینهٔ مسلمانی وجود دارد؛ گمراه شدن و بازگشت به اسلام، شاگردی بی ثمره و ایجاد کلیساهای ناسالم.

سقوط از مسیحیت و بازگشت به اسلام

برخی از افرادی که اسلام را ترک کرده‌اند تا مسیح را پیروی کنند در نهایت به اسلام باز می‌گردند. دلایل زیادی برای این نکته وجود دارد. یکی از دلایل ممکن است دردِ تنهایی باشد؛ چراکه در بسیاری از مواقع، دوستان و خانواده شخصی که به مسیحیت ایمان آورده، به همراه او به مسیحیت ایمان نمی‌آورند. دلیل بعدی، موانع زیادی است که اسلام بر سر راه کسانی می‌گذارد که مایل‌اند این دین را ترک کنند. دلیل دیگر هم می‌تواند آزارهای مستقیم باشد.

بسیاری از افراد، به‌خاطر عملکرد کلیساها از مسیحیت به اسلام بازگشته‌اند. این امر ممکن است به‌واسطهٔ ترس از حکم ذمه باشد که بیان می‌کند اهل ذمه نباید باعث شوند کسی، اسلام را ترک کند. اینکه به کسی کمک کنید اسلام را ترک کند، می‌تواند جامعهٔ

مسیحیان را در معرض خطر قرار دهد؛ چراکه سرکشی از پیمان ذمه، می‌تواند باعث از بین رفتن حفاظتی بشود که در اختیار غیرمسلمانان قرار داده شده.

برای اینکه بتوانید الگوی پس‌زده شدن مسلمانانی که به مسیح ایمان آورده‌اند را بشکنید؛ کلیسا بایستی ابتدا پیمان ذمه را بشناسد و با انکار و شکستن آن، باری را از دوش کلیسا بردارد که به آن تحمیل شده است. تا زمانی که کلیساها و مسیحیان از لحاظ روحانی، اسیر تأثیرات پیمان ذمه هستند، فشار روحانی عمیقی را احساس می‌کنند و این فشار، باعث می‌شود نتوانند به افرادی یاری برسانند که قصد ترک اسلام و آوردن ایمان به مسیح را دارند. برای حل این مشکل، کلیسا باید در مقابل ساختار ذمه مقاومت کرده و آن را انکار و باطل نماید.

دلیل دیگری که ممکن است باعث سقوط مسیحیانی شود که با پیشینهٔ مسلمانی به خداوند ایمان آورده‌اند، باقی ماندن تأثیرات اسلام بر روح و جان آنهاست؛ چراکه اسلام، روی طرز فکر آن‌ها و نحوهٔ ارتباط برقرار کردنشان با دیگران اثر گذاشته است. این موضوع ممکن است باعث شود بازگشت به اسلام از مسیحی ماندن، برای شخص ساده‌تر به نظر برسد. درست مانند کفش‌های نو؛ گاهی اوقات کفش‌های کهنه راحت‌تر به نظر می‌رسند.

شاگردی بی‌ثمر

مشکل دوم شاگردی بی‌ثمر است. افرادی که پیشینهٔ اسلامی دارند، ممکن است به لحاظ احساسی و روحانی، موانعی را پیش روی خود ببینند که مانع از رشد روحانی آن‌ها می‌شود. مشکلات رایج: ترس، احساس ناامنی، پول دوستی، احساس راندگی، احساس خود قربانی پنداری، احساس مورد اهانت قرار گرفتن، ناتوانی در اعتماد کردن، دردهای احساسی، گناهان جنسی، غیبت و دروغ‌گویی می‌باشد. تمام این موارد می‌توانند مانع رشد روحانی شخص شود.

دلیل بنیادین دیگر ممکن است تأثیرات به‌جا مانده از اسلام در زندگی شخص باشد. به‌عنوان مثال: در اسلام تأکید بر برتری یافتن علیه دیگران وجود دارد و به مسلمانان تعلیم داده می‌شود که از غیرمسلمانان برتر هستند. در چنین فرهنگ و اجتماعی مردم از این احساس برتری کاذب نسبت به سایرین، احساس آرامش و راحتی می‌کنند. چنین باوری در کلیسا، می‌تواند باعث چشم و هم‌چشی شود. به‌عنوان مثال، اگر کسی به‌عنوان رهبر انتخاب شود، دیگران ممکن است احساس کنند به‌خاطر اینکه آنان انتخاب نشدند، بدیشان اهانت شده است. تمایل برای برتری، می‌تواند در کلیسا فرهنگ غیبت کردن را ایجاد کند. در اصل چنین فرهنگی راهی را فراهم می‌سازد که عده‌ای اعتبار دیگران را زیر سؤال ببرند. عده‌ای غیبت می‌کنند؛ چراکه فکر می‌کنند از کسی که درباره‌اش غیبت می‌کنند برتر هستند. مشکل دیگر می‌تواند روح اهانت باشد، روح اهانت به‌واسطهٔ واکنش محمد در مقابل طردشدگی شکل گرفته است.

مرد جوانی از عراق، مسیحی شده بود و به‌عنوان پناهنده به کانادا مهاجرت کرده بود. او سعی کرد به کلیسا برود اما هر بار که به کلیسایی می‌رفت، احساس می‌کرد بابت چیزی

به او اهانت شده است. او، سایر اعضای کلیسا را به دورویی متهم می‌کرد. نهایتاً آن مرد جوان، به زندگی در انزوا و تنهایی رو آورد؛ گرچه مسیحی باقی ماند ولی از اجتماع مسیحیان دوری می‌کرد. معنایش این بود که رشد او در زمینهٔ شاگردی مسیح کاملاً متوقف شده بود؛ او نمی‌توانست رشد کند و به بلوغ روحانی برسد و به این ترتیب، ثمرات نیکو به بار آورد.

کلیساهای نا سالم

یکی از چالش‌های بزرگی که نو ایمانان با آن مواجه می‌شوند، یافتن کلیسایی سالم است. کلیسا استراحتگاه مؤمنین نیست؛ بلکه بیمارستانی برای گناهکاران است یا حداقل باید این‌چنین باشد. گناهکاران به کلیسا تعلق دارند، اما درست همان‌طور که مردم می‌توانند بیماران یک بیمارستان باشند، هنگامی که اعضای کلیسا با رشد کردن به بلوغ روحانی دست پیدا نکنند، بیماری روبه‌رشد آن‌ها می‌تواند بزرگ‌تر شده و به کل جماعت کلیسا آسیب بزند. چنین موضوعی می‌تواند کلیساها را از هم دوپاره کند و یا باعث شکست کلیساها شود. درست همان‌طور که مسیحیان ناسالم کلیساهای ناسالم بنا می‌کنند؛ کلیساهای ناسالم نیز می‌توانند رشد و رسیدن به بلوغ روحانی سالم را برای اعضا، دشوار کنند.

اگر اعضای کلیسا دربارهٔ شبانشان غیبت کنند، نهایتاً به شبان کلیسا آسیب می‌زنند یا کار به‌جایی می‌رسد که آن کلیسا، بی‌شبان باقی می‌ماند. در نتیجه همه آسیب می‌بینند. چنین مسئله‌ای می‌تواند باعث تفرقه و فروپاشی کلیسا شود و تنها عدهٔ معدودی حاضرند در چنین کلیساهایی خدمت کنند. به‌عنوان مثال می‌توان گفت اگر اعضای کلیسا، دائماً با یکدیگر در حال رقابت و به دنبال برتری باشند؛ تنها باعث انتقاد کلیساها از یکدیگر می‌شوند و هر کلیسایی، دائماً خود را برتر معرفی می‌کند. در چنین شرایطی، به‌جای اینکه کلیساها از طریق همکاری، برکات فراوان را تجربه کنند، یکدیگر را تهدید قلمداد کرده و در کار پیشبرد انجیل خداوند، با هم مشارکت نخواهند داشت.

نیاز برای رها باقی ماندن

تعلیم فصل ۲ را دربارهٔ شیطان به‌عنوان مدعی برادران و تهمت زننده به یاد آورید؛ یکی از راهکارها و ترفندهای شیطان، تهمت زدن و ادعا علیه مسیحیان است. او برای مدعی شدن علیه مسیحیان از تمام حقوق قانونی بهره می‌گیرد که ممکن است علیه آن‌ها داشته باشد نظیر: گناهان اعتراف نشده، نبخشیدن، کلماتی که ما را به هم مرتبط می‌کند نظیر سوگندها و پیمان‌ها، زخم‌های روان و لعنت‌های آباء و اجدادی. برای به‌دست آوردن آزادی، شاگردان مسیح باید این حقوق قانونی را باطل و تمام فرصت‌ها را از شیطان سلب کنند و درها را به روی ابلیس ببندند.

در انجیل متی ۱۲:۴۳-۴۵، عیسای مسیح مثالی را به زبان می‌آورد و شرح می‌دهد هنگامی که روحی شریر شخصی را ترک می‌کند، ممکن است بازگردد و دوباره او را

تسخیر کند و ۷ روح پلیدتر از خود را همراه خویش بیاورد تا او را تسخیر کنند؛ پس در چنین حالتی، احوال شخص از قبل اینکه روح پلید از او اخراج شود بدتر خواهد شد. عیسای مسیح در این مثال از تصویر یک خانهٔ پاک و تمیز استفاده می‌کند که برای اقامت دوباره آماده است. ارواح پلید چگونه دوباره آن خانه را اشغال می‌کنند؟ ابتدا باید دری باز باقی مانده و خانه هم خالی باشد. (متی ۱۲:۴۴)

پس با دو موضوع روبه‌رو هستیم.

۱. دری که باز مانده

۲. خانه‌ای که خالی مانده

برای ساختن کلیسایی سالم، به مسیحیان سالم نیاز داریم. مسیحیان برای سالم ماندن، باید رها باشند. معنایش این است که شخص باید تمام درهایی که ابلیس ممکن است از آن‌ها سوءاستفاده کند را ببندد و روح و جانش، باید از چیزهای نیکویی پر شود که جای ارواح اخراج شده را بگیرد.

تمام درها باید به روی ابلیس بسته باشند. تمام درها! نکتهٔ مهم دربارهٔ رهایی روحانی این است که صرفاً بستن یک در برای رهایی کافی نیست. باید تمام درها را به روی شیطان ببندیم. اگر در پشتی خانه، بهترین قفل دنیا را داشته باشد ولی در جلوی خانه را باز بگذاریم، چه فایده‌ای دارد؟ به همین مثابه، اگر یکی از حقوق قانونی‌ای که شیطان علیه شخص به کار می‌برد را باطل سازیم ولی سایر حقوق را از شیطان سلب نکنیم، شخص هنوز نمی‌تواند رها باشد.

رها شدن یک مسئله است و رها ماندن مسئله‌ای دیگر. نکته‌ای که به‌اندازهٔ بستن درهای باز به روی ابلیس اهمیت دارد، پر کردن خانه و خالی نگذاشتن آن است. این شامل دعا کردن برای شخص است تا روح القدس را دریافت کند. همچنین شخص نو ایان بایستی زندگی خدا پسندانه‌ای را در پیش بگیرد تا جان و روح شخص با نیکویی پر شود.

تصور کنید شخصی بابت دروغ‌هایی که شنیده در اسارت به سر می‌برد. دروغ‌ها باید انکار شوند و به‌علاوه، شخص باید راستی و حقیقت را بپذیرد و بر حقیقت خداوند تعمق نماید و در راستی و حقیقت شادمانی نماید. به این ترتیب، دروغ‌ها بیرون رانده می‌شوند و راستی و حقیقت جای آن‌ها را می‌گیرد!

شرایط گوناگون را در نظر بگیرید: شخصی را در نظر بگیرید که تحت تأثیر روح پلید تنفر قرار داشته و اعمالی زشت و خطا به انجام رسانده است و همچنین دیگران را لعنت کرده است. هنگامی که این روح پلید از او اخراج می‌شود، شخص نه‌تنها باید نفرت را انکار کند و از تنفر دست بکشد؛ بلکه باید یک زندگی پر محبت و در راستای برکت دادن سایرین داشته باشد تا به‌جای تخریب جان خود، به بنای روح و جانش بپردازد. چنین شخصی باید عادات و دیدگاه گذشته خود را تغییر دهد. در چنین شرایطی نقش کلیسا برای یاری رسانیدن و کمک به شخص برای ماندن در آزادی، حیاتی می‌باشد. کلیسا می‌تواند به چنین شخصی یاری رساند تا جان خود را تازه و از نو بنا کند و به خلقت تازه بدل شود.

پولس اغلب این روند را در نامه‌های خود شرح داده است. او دائماً در حال دعا و کار کردن با ایمان‌داران است تا آن‌ها را در راستی و محبت بنا کند. او همیشه به یاد می‌آورد که ایمان‌داران پیش از مسیح، چگونه بودند و گذشتهٔ آن‌ها را به یادشان می‌آورد تا آن‌ها را در راستای تداوم رشدشان تشویق کند:

«ما نیز زمانی نادان و نافرمانبردار بودیم و گمراه و بندهٔ همه گونه امیال و لذت‌ها؛ و در کین و حسد روزگار می‌گذراندیم. منفور بودیم و متنفر از یکدیگر.» (تیتوس ۳:۳)

اما شاگردان مسیح دیگر نباید این‌چنین زندگی کنند. ما تغییر کرده‌ایم و باید این روند تبدیل‌شدن را ادامه دهیم تا هر روزه بیشتر به شباهت مسیح درآییم، به شباهت عیسای مسیح که بی‌گناه بود و هیچ حق قانونی‌ای را در اختیار ابلیس نگذاشت؛ بنابراین پولس خطاب به فیلیپیان این‌چنین نوشته است:

«دعایم این است که محبت شما هر چه بیشتر فزونی یابد و با شناخت و بصیرت کامل همراه باشد، تا بتوانید بهترین را تشخیص دهید و در روز مسیح، پاک و بی‌عیب و آکنده از ثمرات پارسایی باشید که به‌واسطهٔ عیسای مسیح به بار می‌آید و به تجلیل و سپاس خدا می‌انجامد.» (فیلیپیان ۱:۹-۱۱)

چه تصویر زیبایی از شاگردان سالم مسیح مشاهده می‌کنیم، چنین شاگردانی در محبت و حکمت و دانش رشد می‌کنند تا پاک و بی‌گناه زیست کنند و بتوانند با به بار آوردن ثمرات نیکو، خداوند را جلال دهند! چنین شاگردی نه‌تنها رهایی را دریافت کرده است، بلکه خانهٔ جان او به‌جای اینکه به‌نحوی خطرناک خالی باشد، همواره با نیکویی عیسای مسیح پر می‌شود.

نقش کلیدی کلیسا و شبانان این است که شاگردان را یاری برسانند که این‌چنین زیست کنند: یعنی تمام درهای باز را به روی ابلیس ببندند و بتوانند با نیکویی مسیح پر شوند.

شاگردسازی، فراخوانی نیکو و عظیم است و باید نکته‌های زیادی را در این زمینه آموخت. در اینجا راجع‌به نحوهٔ حمایت از رشد سالم یک شاگرد که از اسارت اسلام رها شده صحبت می‌کنیم.

شفا یافتن و نجات

روی نیاز به بستن تمام درها و از میان بردن همهٔ مجال‌ها در برابر ابلیس تأکید کردیم. در زندگی برخی از شاگردان، به‌واسطهٔ تأثیرات اسلام درهای باز و مجال‌هایی به وجود آمده و یا به‌جا مانده است، منابع دعایی که در این بخش تقدیمتان می‌شود می‌تواند در راستای بستن درها به روی اسلام مؤثر باشد.

با این همه، شاگردان مسیح ممکن است در زندگی خود اسارت‌های دیگری داشته باشند که مستقیماً از اسلام سر چشم نگرفته است. چنین اسارت‌هایی می‌تواند به‌واسطهٔ مواردی که در فصل ۲ توصیف کردیم به وجود آمده باشد مثل: اعتراف نکردن گناهان، نبخشیدن،

زخم‌های روان، اعمال و کلمات مرتبط با مراسم مذهبی ناپاک، دروغ‌ها و لعنت‌های آباء و اجدادی. ممکن است بتوانید در زندگی شخصی که پیشینهٔ اسلامی داشته است تأثیرات مخرب موارد زیر را مشاهده کنید:

- نبخشیدن
- پدران سوءاستفاده‌گر
- از هم‌پاشیدگی و شکست‌های خانوادگی (طلاق، چند همسری)
- اعتیاد به مواد مخدر
- شرکت در مراسم جادوگری و طالع‌بینی
- آسیب‌های جنسی (به‌واسطهٔ حمله، تجاوز و زِنا با محارم)
- خشونت
- لعنت‌های اجدادی
- خشم
- طردشدگی و سرکوب و طردشدگی درونی
- بی‌اعتمادی یا تنفر زنان از مردان
- حقیر شمردن زنان از سوی مردان

بسیاری از این موارد می‌تواند تحت تأثیر فرهنگ اسلامی جامعه و یا خانواده پدید آمده باشد؛ اما افراد، خودشان هم بارهای سنگین روحانی بر دوش می‌کشند که طی سالیان سال روی هم انباشته شده است. برای پیشرفت در رشد روحانی به‌عنوان یک مسیحی، تنها رهایی از اسلام کافی نیست و بایستی از تمامی این بارها و اسارت‌ها رها شویم.

مرد جوانی از شرایطی در خانواده‌اش رنج می‌برد که باعث مشکلات زیادی برای دستگاه گوارش او شده بود. بیشتر بستگان او به‌واسطهٔ سرطان دستگاه گوارش مرده بودند. پزشکان ایران و استرالیا به او گفته بودند که دستگاه گوارش او علائم پیش از سرطان را دارد؛ بنابراین او باید دائماً دارو مصرف می‌کرد. او تشخیص داد که این علائم ممکن است به‌خاطر لعنتی باشد که علیه خانواده‌اش اعلام شده. او این لعنت آباء و اجدادی را شکست و باطل کرد و سپس خود را مجدداً به‌طور کامل به خداوند وقف کرد. مرد جوان کاملاً شفا یافت و دیگر از دارو استفاده نکرد. نکتهٔ فوق‌العاده این بود که او هم‌زمان از رنجی ممتد شفا یافت که در اثر اضطراب مزمن احساس می‌کرد. او به شخصی آرام تبدیل شد که بیش از پیش، در تمام شرایط زندگی خود به خداوند تکیه می‌کند. این شفا و نجات قدمی حیاتی بود تا او بتواند فشارهای خدمت را به‌عنوان یک شبان تحمل کند.

برای داشتن کلیسایی سالم، خدمتی که همواره در امر بستن درهای باز و سلب مجال‌ها از ابلیس اقدام کند، باید بخشی از خدمت شبانی برای تک‌تک ایمان‌داران باشد. به یاد داشته باشید هنگامی که خانه‌ای را به مأمنی امن تبدیل می‌سازید، تنها بستن یکی از درها بر روی یکی از پیمان‌های اسلام کافی نیست؛ تمام درهای خانه باید بسته شوند.

تعالیمی بر مبنای تفاوت‌ها

خانه‌ای قدیمی و مخروبه را تصور کنید. سقف چکه می‌کند، حتی می‌توانید از شکاف سقف آسمان را ببینید. پنجره‌هایی که زمانی شیشه داشتند، شکسته‌اند و باد از هر سو به داخل خانه می‌وزد. درها از لولا درآمده‌اند و بیرون خانه، روی زمین افتاده‌اند. داخل خانه، دیوارها شکسته هستند و همهٔ دیوارها پر از سوراخ است. کف خانه نیز تخریب شده است. پایه‌های خانه ترک برداشته و شکسته‌اند؛ در عین حال چله‌نشینانی که صاحب آن خانه نیستند، در آن محل سکونت کرده‌اند. آن‌ها نباید در آن خانه زندگی کنند؛ چراکه در اصل، در حال تخریب خانه هستند.

برای احیا کردن این خانه اقدامات زیادی نیاز است. اولین قدم این است که خانه را به محلی امن تبدیل کنید؛ یعنی باید سقف خانه مرمت شود و ضمناً درها و پنجره‌های جدیدی در خانه نصب شوند تا چله‌نشینان دیگر نتوانند وارد خانه شوند.

این اولین قدم در خدمت رهایی است؛ تمام درهای باز باید بسته شوند. این کار باید صورت گیرد، چراکه اگر تمام درها بسته نشوند چله‌نشینان یعنی همان ارواح پلید، می‌توانند از طریق یکی از درهای باز به خانه برگردند. هنگامی که خانه به محلی امن تبدیل شد، کارهای دیگر آغاز می‌شوند. پایه‌های خانه و دیوارها بازسازی می‌شوند تا زندگی در آن خانه، مایهٔ آسایش و آرامش باشد. هنگامی که یک مسلمان نزد مسیح می‌آید جان آسیب‌دیده خود را به همراه می‌آورد، جانی که به‌واسطهٔ اسلام و فرهنگ اسلامی آسیب دیده بایستی شفا یابد و ترمیم شود.

جان و روح یک ایمان‌دار درست مانند یک سطل است. سطل ما باید همواره آب زلال و پاک را در خود نگاه دارد؛ منظور از آب حیاتی است که از عیسای مسیح سرچشمه می‌گیرد. زندگی ما باید این‌چنین باشد. اما اگر دیواره سطل ما سوراخ یا شکافی داشته باشد، یعنی ضعفی در شخصیت مان وجود داشته باشد، نمی‌توانیم آب زیادی را در خود نگه‌داریم؛ و سطل ما تنها تا اولین شکاف سوراخ پر خواهد شد. برای اینکه سطل ما بتواند آب بیشتری را در خود نگه دارد، باید شکاف یا سوراخ را ترمیم و پر کنیم.

در سرتاسر جهان، الگوی جان‌هایی که به‌واسطهٔ اسلام آسیب دیده‌اند یکسان هستند. همان‌طور که دون لیتل می‌گوید: «تأثیرات اسلام در شرایط گوناگون، موانع مشابهی را برای ایمان‌دارانی که مایل‌اند پس از ایمان آوردن در مسیح زیست کنند، به وجود می‌آورد.»[۱۵]

---

۱۵ دون لیتل، *Effective Discipling in Muslim Communities*، صفحهٔ ۱۷۰

راه دیگری برای اندیشیدن به این نکته این است شخصی را تصور کنید که سانحهٔ بد و شدیدی را تجربه کرده است؛ چنین شخصی برای بهبود یافتن به زمان بیشتری نیاز دارد. اغلب، عضلات شخص ضعیف می‌شوند، چون آن شخص به‌خاطر شکستگی استخوان‌هایش ممکن است مدت‌ها نتواند از برخی عضلات خود استفاده کند. برای بهبود کامل، چنین شخصی باید به‌واسطهٔ تمرینات ویژه (فیزیوتراپی) قدرت عضلانی خود را تقویت کند تا شفا یابد. این تمرینات ویژه ممکن است زمان ببرد و بسیار دردناک باشد، اما برای اینکه بدن شخص بتواند آن‌طور که باید فعالیت داشته باشد، انجام چنین تمریناتی ضروری است. تنها می‌توانید به اندازهٔ قدرت ضعیف‌ترین عضلهٔ بدنتان به کار و تلاش بپردازید.

معنایش این است که برنامه‌های تعلیمی کلیسا برای ایمان‌دارانی که پیشینهٔ اسلامی داشته‌اند، باید با دقت فراوان و ساختارمندانه آسیب‌های آن‌ها را برطرف کند.

این کار را تعلیم بر مبنای تفاوت یا تعلیم مطابق نیازها می‌نامیم. ما حقایق کلام خداوند را هر کجا که قبلاً دروغ‌ها بر زندگی شخص حکم رانده‌اند به زبان می‌آوریم. حوزه‌های گوناگونی هستند که باید با حقیقت کلام خدا پر شوند.

یکی از تأکیدهای محمد، برتری اشخاص بر یکدیگر است. به‌عنوان مثال، محمد می‌گفت مسلمانان از غیرمسلمانان برتر هستند. او فروتن بودن را حقارت محسوب می‌کرد و مایهٔ شرم می‌دانست. در جوامع اسلامی، بخشی از جهان‌بینی احساسی افراد در این خلاصه می‌شود که از سایرین بهتر جلوه کنند. یک مسیحی اعلام می‌کرد در فرهنگ ایران، هنگامی که کسی در خیابان زمین می‌خورد دیگران خوشحال می‌شوند، یا هنگامی که می‌شنوند کسی در یک آزمون مردود شده، شادی می‌کنند. دلیل خوشحالیِ آن‌ها این است که خودشان شکست نخورده‌اند و یا مردود نشده‌اند، بنابراین به این شکلْ احساس برتری می‌کنند.

داشتن چنین دیدگاهی نسبت به ارزش اشخاص، می‌تواند در کلیسا مشکلات بسیاری را به وجود آورد. به‌عنوان مثال، ممکن است اشخاصی در کلیسا ادعا کنند کلیسای آن‌ها از سایر کلیساها برتر و نیکوتر است. این اخلاق باعث اهانت به سایرین می‌شود، در نتیجه کلیساهای یک ناحیه از همکاری با یکدیگر خودداری می‌نمایند. با چنین اخلاقی، اگر شخصی در سمت رهبری انتخاب شود، دیگران احساس می‌کنند که مورد پذیرش قرار نگرفته‌اند و نتیجتاً به رهبر حسادت کرده و پیش خود می‌گویند: «چرا من را انتخاب نکرده‌اند؟ آیا فکر می‌کنند من به‌اندازهٔ کافی نیکو نیستم؟» این مشکل ممکن است تا حدی بغرنج شود که افراد از ترس حمله و انتقادات اعضای کلیسا، حاضر نباشند برای سمت رهبری داوطلب شوند.

با چنین اخلاقی، اعضا نمی‌دانند چگونه می‌توانند با فروتنی، نظرات سازندهٔ خود را در راستای بهبود بخشیدن به حیات کلیسا ارائه کنند. به‌جای این کار، مردم همواره در جایگاه متخصصین و مغرورانه سخن می‌گویند و با بی‌مبالاتی، سعی در اصلاح رفتار سایرین

دارند. چنین اخلاقی باعث ایجاد فرهنگ غیبت می‌شود، به‌نحوی که مردم از کاستن اعتبار سایرین لذت می‌برند.

برای برطرف ساختن این مشکل، ضروری است که مردم را دربارهٔ الزام پرورش دادن قلب خدمت تعلیم دهید؛ نیاز است اعضای کلیسا بدانند چرا مسیح پای شاگردانش را شست و لازم است فرمان او را که شاگردان نیز باید پای یکدیگر را بشویند، به اعضای کلیسا بشناسانید. همچنین نیاز است اعضا بدانند که بایستی هویت خود را در مسیح و نه در شغل و یا دیدگاه سایرین کشف کنند. باید به اعضای کلیسا تعلیم دهید تا به ضعف‌های خود ببالند و در ضعف‌های خود شادمانی کنند (دوم قرنتیان ۱۲:۹-۱۰). اعضای کلیسا باید بدانند معنی محبت به دیگران این است که در موفقیت‌های سایرین شادی کنند و در رنج‌ها و اندوه‌هایشان شریک شوند (رومیان ۱۲:۱۵، اول قرنتیان ۱۲:۲۶). همچنین اعضای کلیسا باید بیاموزند می‌توانند با محبت، حقیقت را به زبان آورند.

ایمانداران همچنین باید تأثیرات مخرب غیبت را بشناسند و بدانند اگر کسی دربارهٔ برادر یا خواهر ایماندارشان نزد آن‌ها اعتراض می‌کند، چه عکس‌العملی نشان دهند.

مشکل دیگری که ایمانداران مسیحی با پیشینهٔ اسلامی با آن مواجه هستند، به زبان آوردن حقیقت است. در فرهنگ اسلامی، ممکن است به مردم تعلیم داده شود که شفاف سخن نگویند و حقیقت را به زبان نیاوردند (فصل ۷ دربارهٔ فریب‌ها را مطالعهٔ کنید). اغلب افراد برای گریختن از شرمندگی دروغ می‌گویند. به‌عنوان مثال، فرض کنید احساس می‌کنید شخصی در کلیسا با موضوعی دچار مشکل است، بنابراین می‌پرسید: «حالتان چطور است؟ آیا خوب هستید؟» در اصل مشکلی برای آن شخص پیش آمده و حالش خوب نیست، اما او می‌گوید: «بله متشکرم، حالم خوب است و همه چیز مرتب است.» از این طریق شخص سعی می‌کند نقابی را که به صورتش زده حفظ کند.

چنین تمایلی برای مخفی نگه‌داشتن مشکلات، بین افرادی رایج است که اسلام را ترک کرده‌اند. ابلیس از این طریق، مانع رشد شاگردان مسیح می‌شود؛ چون به این وسیله، ابلیس اجازه نمی‌دهد شاگردان از سایرین کمک بخواهند. برای حل این مشکل، باید دائماً به شاگردان دربارهٔ اهمیت راست‌گویی تعلیم دهید و بگویید چرا این موضوع، برای رشد شخصیتی و رهایی آن‌ها بسیار مهم است.

به‌علاوه، در فرهنگ اسلامی، حوزه‌های دیگری نیز وجود دارد که «تعلیم بر مبنای تفاوت‌ها» نیاز است؛ مانند:

- نیاز به بخشایش و نحوهٔ بخشیدن و دریافت بخشایش.
- غلبه کردن بر احساس طردشدگی و کینه به دل نگرفتن در مقابل دیگران.
- یادگیری خدمت به سایرین، به‌نحوی‌که باعث بنای اعتماد شود.
- انکار و دست کشیدن از خرافات و جادوگری.

- اینکه زنان و مردان بیاموزند به یکدیگر احترام بگذارند و در روابطشان، همواره به‌نحوی فروتنانه و به دور از غرور، با محبت حقیقت را به زبان آورند.

- یادگیری والدین برای برکت دادن کودکان خود به‌جای لعنت کردن آنها.

(می‌توانید فهرست مشکلاتی که اسلام و پیروی از الگوی محمد به وجود می‌آورد در انتهای فصل ۴ مشاهده کنید.)

درک این نکته و تأکید بر آن مهم است؛ چراکه تعلیم دادن مطابق نیازهای افرادی که با پیشینۀ اسلامی به عیسای مسیح ایمان می‌آورند، باید ساختارمند و دقیق باشد و همچنین، تعلیم این افراد باید عمیقاً به مشکلاتشان بپردازد تا بتواند جهان‌بینی و الهیات و احساس آنها را از نو بنا کند.

در این بخش نحوۀ بنای ایمان‌داران و رهبران را در نظر می‌گیریم.

نیکو شروع کنید

دون لیتل، دو خادمی که میان مسلمانان شمال آفریقا به خدمت می‌پردازند را با هم مقایسه کرده است. هر دو سالیان سال است که میان مسلمانان خدمت کرده‌اند.[۱۶]

اِستیو می‌تواند به‌سرعت مسلمانان را به سمت ایمان آوردن به مسیح هدایت کند؛ گاهی او تنها با یک گفت‌وگو، مسلمانان را به سمت مسیح هدایت می‌کند. با این وجود، تقریباً تمام این نو ایمانان، به مرور از مسیحیت به اسلام بازمی‌گردند. این اتفاق، اغلب یک هفته پس از تصمیم آنها برای پیروی از عیسای مسیح رخ می‌دهد. تنها عدۀ کمی بیش از یک سال مسیحی باقی‌مانده‌اند. روش استیو به‌نحوی بوده است که مردم را به سرعت به سمت ایمان آوردن به مسیح هدایت کند و رشد روحانی آنها را به روح القدس واگذارد تا بتوانند از روح القدس، بیشتر دربارۀ ایمان مسیحی بیاموزند.

روش چری و میزان موفقیت او در نقطۀ مقابل استیو قرار دارد. او مدت زیادی را صرف هدایت مردم به‌سوی مسیح می‌نمود و گاهی این روند، سال‌ها به طول می‌انجامید. او تنها زمانی همکاران زن خود را به شاگردی مسیح دعوت می‌کرد که اطمینان داشته باشد آنها، معنی مسیحی شدن را به‌طور کامل درک کرده‌اند، یعنی زمانی که می‌دانستند به‌خاطر پیروی از مسیح، حتی ممکن است از سوی همسرانشان مورد آزار قرار گیرند و یا مجبور به طلاق شوند. تمام زنانی که چری به سمت مسیح هدایت کرد به ایمان‌دارانی متعهد تبدیل شدند، ایمان این زنان حتی حالا که چری از آفریقا اخراج شده است، به رشد خود ادامه می‌دهد.

هنگامی که مسلمانان را به سمت عیسای مسیح هدایت می‌کنید و آنها را شاگرد می‌سازید، باید بدانید روند آشنا کردن آنها با مسیحیت و مفهوم مسیحی بودن، باید با

---

۱۶ دون لیتل، *Effective Discipling in Muslim Communities*، صفحۀ ۲۷-۲۶

دقت کامل صورت گیرد. پنج قدمی را به یاد آورید که در پیروی از عیسای مسیح در فصل ۵ به آن پرداختیم:

۱. دو اعتراف

- من گناهکار هستم و نمی‌توانم خود را نجات دهم.
- تنها یک خدا وجود دارد، او خالق جهان است و پسر یگانه‌اش، عیسای مسیح را فرستاد تا جان خود را بابت گناهان من تقدیم و فدیه کند.

۲. رویگردان شدن (توبه) از گناهان و تمام شرارت‌ها

۳. درخواست و طلب بخشش، رهایی، حیات ابدی و دریافت روح القدس

۴. انتقال تعهد و بستن پیمان با عیسای مسیح به‌عنوان خداوند تمام زندگی شخص.

۵. پیمان بستن و وقف زندگی شخص به اطاعت و خدمت عیسای مسیح.

۶. اعلام هویت تازه‌ای که شخص در مسیح دریافت می‌کند.

به نظر می‌رسد اِستیو، نو ایمانان را در قدم اول و دوم و بلکه سوم هدایت می‌کرد، اما آن‌ها را به قدم چهارم تا ششم و پایدار ماندن در مسیح نمی‌رساند. انتقال تعهد و وفاداری کامل (قدم چهارم) نیازمند این است که شخص، تمام روابطش را با اسلام بشکند و انکار نماید و کاملاً به عیسای مسیح متعهد شود. پیمان بستن و وقف زندگی به عیسای مسیح (قدم پنجم)، بایستی شامل پذیرش احتمال جفا دیدن و همچنین درک اخلاقیات کتاب مقدس باشد. وقف نمودن خویشتن به مسیح، به این معناست که بداند برای چه نوع زندگی‌ای تقدیس شده است. اعلام هویت تازه در مسیح (قدم ششم)، مستلزم درک هویت مسیحی است؛ یعنی اینکه شخص درک کند معنای فرزندخواندگی به‌واسطهٔ عیسای مسیح، در تقابل با تسلیم اللّه بودن دقیقاً در چیست. این امر، همچنین شامل درک این نکته است که شخص باید هویت قبلی خود را رها کند، یعنی او دیگر جز امت اسلامی نیست و حتی ممکن است به این دلیل از دوستان و خانوادهٔ خود جدا شود.

به‌علاوه، قدم سوم شامل درک مفهوم رهایی یافتن در مسیح است؛ معنی این رهایی، بخشیدن دیگران و شناخت ذات زیستن در روح می‌باشد.

برای اینکه شخص حقیقتاً به این قدم‌ها متعهد باشد و مفهوم آن‌ها را درک کند، روند شاگردسازی ضروری است. در طی روند شاگردی مسیح، شخص می‌تواند با دقت و اندیشمندانه دیدگاه اسلامی خود را کنار بگذارد و دیدگاهی مطابق کلام خدا را جایگزین جهان‌بینی کهنه خود کند.

هنگامی که شخصی به مسیح ایمان می‌آورد و عهد می‌بندد تا او را پیروی کند، در اصل با ابلیس اعلام جنگ می‌کند. ایمانداران متعهد می‌شوند تا ادعاها و قدرت شیطان را

پایمال کنند و تمام حاکمیت و حقوق زندگی خود را به مسیح بسپارند. این یک تصمیم ساده و یا خرافی نیست. پس شخص باید با شناخت کامل از مفاهیم و با ارادهٔ کامل چنین تصمیمی را اتخاذ کند.

به همین دلیل، به خادمین انجیل توصیه می‌شود در تعمید دادن نو ایمانان، عجله نکنند و آرام‌آرام افراد را در دعا هدایت کنند تا بتوانند حقیقتاً با مسیح پیمان ببندند و عیسای مسیح را پیروی کنند. خادمین انجیل، تنها باید زمانی یک شخص را تعمید دهند که آن شخص درک کرده باشد معنی مسیحی شدن برای او و اطرافیان و عزیزان او چیست.

همچنین توصیه می‌شود تا زمانی که شخص اعلانات و دعای انکار شهادتین و شکستن قدرت آن را به زبان نیاورده است و مفهوم کامل آن را درک نکرده است، او را تعمید ندهید (فصل ۵ را مشاهده کنید). قبل از به زبان آوردن دعای انکار شهادتین و شکست قدرت آن، هر شخص باید ابتدا درزمینهٔ اهمیت و ویژگی این اقدام، تعلیم یابد. این کار باید هم‌زمان و قبل از تعمید صورت گیرد. دعای انکار اسلام می‌تواند به‌عنوان بخشی ویژه در مراسم تعمید گنجانده شود. چنین کاری اجازه می‌دهد شخص مطابق قدم چهارم، به‌طور کامل با عیسای مسیح به عنوان خداوند عهد ببندد، در نتیجه تمام ادعاهای اسلام را در زندگی خود رد و انکار کند.

تعلیم رهبران آینده

یکی از ملموس‌ترین نیازهای ایمان‌دارانی که پیشینهٔ اسلامی دارند، نیاز به شبانانی است که خود از پیشینهٔ اسلامی آمده باشند. رهبران ناسالم، کلیسای ناسالم بنا می‌کنند. برای اینکه کلیسای سالم داشته باشید و اعضای آن بتوانند در بلوغ و آزادی روحانی رشد کنند؛ باید رهبران سالم داشته باشید. بنابراین سرمایه‌گذاری روی رهبرانی که پیشینهٔ اسلامی داشته‌اند و قادرند کلیساهای سالم را رهبری کنند، بسیار مهم است. این سرمایه گذاری مستلزم سالیان سال حمایت و تعلیم است.

قبل از اینکه روی رهبران احتمالی آینده سرمای گذاری کنید، ابتدا باید آن‌ها را پیدا کنید! اصل کلیدی این است؛ در انتخاب افراد به‌عنوان رهبران عجله نکنید. اگر به‌سرعت شخصی را به‌عنوان رهبر انتخاب کنید، ممکن است هنگامی که شخص مناسب‌تری برای رهبری وارد کلیسا می‌شود، پشیمان شوید. افرادی که پیشینهٔ اسلامی داشته‌اند، ممکن است با احساس طردشدگی و یا احساس رقابت دچار مشکل باشند؛ بنابراین قبل از اینکه شخصی را به‌عنوان رهبر انتخاب کنید از موارد زیر اطمینان حاصل کنید:

- شخص برای اینکه به‌عنوان رهبر فراخوانده شود؛ آماده است.
- شخص برای پذیرش وظیفهٔ رهبری از فروتنی لازم برخوردار است.
- شخص قابلیت تعلیم یافتن را دارد.
- شخص برای شنیدن انتقادهایی که به وی دارند، به حد کافی مقاوم است.

اگر پیشینۀ اسلامی دارید و احساس می‌کنید برای رهبری کلیسا فراخوانده شده‌اید، به دنبال راحت‌ترین و سریع‌ترین راه در راستای آمادگی برای این خدمت نباشید. با فروتنی، راغب به تعلیم دیدن، صبور و اهل یادگیری باشید.

رهبرانی که پیشینۀ اسلامی دارند اگر با سرعتی بیش از حد معقول پیشرفت کنند، با مشکل مواجه می‌شوند. چنین رهبرانی اگر به سرعت پیشرفت کنند، ممکن است فروتنی را نیاموزند. ممکن است احساس کنند هرچه که به آن نیاز دارند را می‌دانند و به شاگردی و تعلیم نیاز ندارند. در زمینۀ کاندیداهای رهبری حکیمانه است که چندین بار و به‌صورت کوتاه‌مدت آنها را در سمت رهبری قرار دهید تا به‌عنوان یک کار آموز خدمت کنند و به مرور، آنها را به‌عنوان رهبران دائمی انتخاب کنید تا آرام‌آرام بتوانند پایداری و عطای رهبری خود را به اعضای کلیسا اثبات نمایند. اگر افراد با سرعت بیش از حد به رهبری برسند و فرصت اثبات خود را پیش چشم اعضای کلیسا نداشته باشند؛ ممکن است قبل از داشتن آمادگی کافی، طردشدگی از سوی اعضای کلیسا مواجه شوند و این امر به بنا شدن آنها به‌عنوان رهبر کلیسا آسیب بزند.

تغذیه و پرورش رهبران سالم بسیار وقت‌گیر است و در تعلیم و پرورش رهبران مسیحی بالغ، داشتن چشم‌اندازی بلند مدت ضروری است. برای هر نو ایمانی که استعداد رهبری دارد، روند رسیدن به بلوغ مسیحی سال‌ها زمان می‌برد. چنین اشخاصی باید موارد بسیار زیادی را بیاموزند؛ چون اشخاصی که با پیشینۀ اسلامی به مسیح ایمان می‌آورند، باید در نحوۀ اندیشیدن و عواطفشان نسبت به زندگی تفکر و در زمینۀ ارتباطات از نو بنا شوند.

در اینجا ۱۲ عنصر کلیدی را در تعلیم رهبران و هدایت آنها به سمت بلوغ روحانی عنوان می‌کنیم:

۱. شخصی که تعلیم می‌یابد (کار آموز)، باید دائماً، حداقل هفته‌ای یک بار، با معلم خود ملاقات داشته باشد.

۲. به رهبرانی که تعلیم می‌دهید بیاموزید، چگونه در باب الهیات به تعمق پرداخته و تجارب زندگی خود را با ایمان مسیحی ادغام کنند. از این طریق می‌توانید به آن‌ها تعلیم دهید چگونه حقایق کتاب مقدس و منابع ایمان مسیحی را در زندگی روزانه و خدمت به کار ببندند. شخص از طریق تعمق در الهیات مسیحی، با حقیقت آشنا می‌شود و می‌تواند به مرور، بیش از پیش به شباهت عیسای مسیح درآید.

۳. شخص را در شفافیت و صداقت تعلیم دهید. همواره در این زمینه از شخص توقع صداقت و شفافیت داشته باشید. اگر شخصی که تعلیم می‌دهید نقابی بر چهره دارد، تنها آن نقاب بالغ خواهد شد! بنابراین، یک روز ممکن است شخص از اتاقش بیرون رود و نقاب خود را باقی بگذارد. آنگاه خواهید دید که شخصیت که او با آن کسی که فکر می‌کردید، تفاوت دارد.

همچنین مهم است که مربی یا معلم الگویی از مفهوم صادق بودن و شفاف بودن را به شخصی در حال تعلیم نشان دهد تا کاندیدای رهبری، بداند معنی شفافیت و صداقت چیست.

هنگامی که شاگردسازی را برای زوجی آغاز کردم که مستعد شبانی کردن کلیسایی بودند که جماعتش پیشینهٔ اسلامی دارند؛ در اولین ملاقاتمان پرسیدم: «آیا مشکلی دارید؟»

آن‌ها گفتند: «خیر!»

هفتهٔ بعد که با هم ملاقات داشتیم، مجدداً پرسیدم آیا مشکلی دارید؟

آن‌ها پاسخ دادند: «خیر!»

هفته سوم مجدداً با هم ملاقات داشتیم و یک بار دیگر پرسیدم آیا مشکلی دارید؟

باز هم پاسخ منفی بود.

سپس گفتم: «از شنیدن این پاسخ متاسفم! شما یا از وجود مشکلاتتان آگاه نیستید یا از بازگو کردن مشکلات با من خودداری می‌کنید! که هر دو حالت ناخوشایند است. خب موضوع چیست؟!»

سپس آن زوج سفرهٔ دل‌هایشان را باز کردند. آن‌ها مشکلاتی را تجربه می‌کردند، اما پیشینهٔ اسلامی آن‌ها به آن زوج آموخته بود که ابراز ضعف و یا اعلام مشکلاتشان باعث شرمندگی می‌شود. از آن روز به بعد، رابطهٔ ما متحول شد؛ چراکه آن‌ها به راحتی دربارهٔ مشکلات شان و چالش‌هایی که با آن مواجه می‌شدند با من سخن می‌گفتند و در نتیجه، از آن روز به بعد توانستم آن‌ها را یاری دهم. از طریق این روند بین ما اعتماد شکل گرفت و آن‌ها توانستند به سرعت رشد و به بلوغ مسیحی دست پیدا کنند.

۴. معلم و رهبران احتمالی آینده، هر دو باید درزمینهٔ طرح مسائلی که لازم است روی آن کار کنند، فعالانه و با دقت عمل کنند. کارآموز خود را تشویق کنید تا مسائل و مشکلات را تشخیص دهد و در جلسه‌ای که با او ملاقات می‌کنید، آن مسائل را مطرح نماید.

۵. معلم و کارآموز، باید در کنار یکدیگر با مشکلات کلیدی و تصمیماتی دست‌وپنجه نرم کنند که روی حیات اعضای کلیسا تأثیر می‌گذارد. از این طریق، رهبر احتمالی آینده می‌تواند بیاموزد چگونه، مطابق ارادهٔ خدا و کتاب مقدس با چالش‌ها و مشکلات روبه‌رو شود.

۶. در حین تعلیم رهبران آینده، آن‌ها را یاری رسانید تا در آزادی گام بردارند. تقریباً همهٔ افراد در مرحله تعلیم برای خدمت، نیاز دارند از بند چیزی یا موضوعی رها و آزاد شوند. اگر در این مرحله، اسارت‌ها را برطرف نکنید و زخم‌های روحی

شخص شفا نیابند، نداشتن سلامت و آزادی باعث می‌شود ثمرات آینده شخص محدود بماند.

۷. آموزش کارآموزانی که پیشینهٔ اسلامی داشته‌اند در زمینهٔ خودپایی یا مراقبت از خود ضروری است. مهم است که رهبرانی که پیشینهٔ اسلامی داشته‌اند در زمینهٔ خود پایی یا مراقبت از خود تعلیم یابند و دریافت این تعلیمات برای آن‌ها و خانواده آن‌ها از اولویت به سزایی برخوردار است. چالش‌های زیادی در این خدمت دشوار وجود دارد و اگر یک شبان مراقبت از خویشتن و خانواده‌اش را به‌عنوان یک اولویت مهم نپذیرد، ممکن است قادر نباشد مدت زیادی در این خدمت باقی بماند. اگر یک شبان از خانواده خود مراقبت نکند، ممکن است سایرین نتوانند به خدمت او اعتماد کنند. مردم خواهند پرسید: اگر شخصی نمی‌تواند از خانواده خود مراقبت کند، چطور می‌تواند مراقب اعضای کلیسا باشد؟

۸. اگر رهبرانی احتمالی آینده یک زوج هستند، باید بیاموزند معنی ازدواج مسیحی با قلبی برای خدمت و محبت و احترام متقابل، دقیقاً چیست تا سعی در کنترل یا مغلوب کردن یکدیگر نداشته باشند.

۹. روی اهمیت خود آگاهی و خودشناسی در خدمت تأکید نمایید. هنگامی که مردم رقابت طلب باشند و شفافیت و صداقت نداشته باشند و همچنین دائماً مایل باشند از دیگران برتر جلوه کنند، خودشناسی و خودآگاهی را از دست می‌دهند. این امر می‌تواند بخشی از صدمات اسلام باشد. برای رشد، شخصی که در راستای خدمت تعلیم می‌یابد باید ارزش انتقادات را به‌عنوان یک هدیه و منبعی نیکو درک کند. یعنی شخص نباید در مواجهه با انتقادات احساس خطر کند، او نباید تصور کند به او اهانت و یا پس‌زده شده است. در عین حال، کسی که معلم رهبران احتمالی آینده است باید الگویی در اختیار آن‌ها بگذارد تا بدانند چگونه می‌توانند انتقادات را با آغوش باز بپذیرند و چگونه می‌توانند با خودآگاهی، به انتقادات احتمالی پاسخ دهند. اگر کارآموزان مشاهده کنند که معلم آن‌ها قادر است انتقادات را بپذیرد، خودشان هم بهتر می‌توانند انتقادات سایرین را پذیرا باشند.

۱۰. به کارآموزان تعلیم دهید چگونه ناامیدی‌ها را مطابق ارادهٔ خداوند تجزیه و تحلیل کنند تا بتوانند درزمینهٔ خدمت، مقاوم باشند. رهبران احتمالی آینده که پیشینهٔ اسلامی دارند را تعلیم دهید تا بتوانند هنگام ناامید شدن از سوی دیگران و یا هنگامی که شرایط زندگی منقلب کننده است از منابع کتاب مقدس بهره بگیرند تا قادر باشند با پایداری، به خدمتشان ادامه دهند.

۱۱. آماده شدن برای جنگ‌های روحانی. خدمت به مردم و هدایت آن‌ها به سمت عیسای مسیح همیشه ستیزه با شریر را به همراه خواهد داشت؛ این موضوع اجتناب‌ناپذیر است. ایمان‌دارانی که پیشینهٔ اسلامی دارند، باید آموزش ببینند تا در مقابل حمله‌های ابلیس پایدار باقی بمانند.

۱۲. الگویی از اعتماد و همکاری با سایر مسیحیان در اختیار کارآموزان قرار دهید تا بدانند همواره قادرند با خدمات مسیحی دیگر، همکاری و مشارکت داشته باشند. این امر برای خادمینی که پیشینهٔ اسلامی دارند، در زمینهٔ رشد قدرت تشخیص در بدنهٔ مسیح حیاتی است. رهبران از این طریق، خدا را احترام می‌کنند و می‌توانند در کلیسایشان برکات خدا را دریافت کنند. این تعلیم، راه خوبی برای آموزش فروتنی به رهبران آینده محسوب می‌شود.

منابع تکمیلی

برای اطلاعات بیشتر راجع‌به موضوعات اسلامی که در این کتاب راجع به آن‌ها تعلیم داده شد، لطفاً به کتاب انتخاب سوم: اسلام، پیمان ذمه و رهایی نوشتهٔ مارک دوری مراجعه کنید.

می‌توانید منابع کتاب رهایی برای اسیران را به زبان‌های مختلف که شامل دعاها می‌باشد را از وب‌سایت luke4-18.com دریافت کنید.

برای اطلاعات بیشتر درزمینهٔ اقداماتی که برای رهایی بخشیدن به افرادی که در اسارت ارواح پلید هستند، مارک دوری کتاب رهایی در مسیح نوشته پابلو بتاری را توصیه می‌کند. این کتاب به زبان‌های انگلیسی و اسپانیایی منتشر شده است. مارک دوری همچنین استفاده از منابع Freemin.org (به زبان انگلیسی و چند زبان دیگر) را توصیه می‌کند.

در اینجا، چند دعای دیگر در راستای یاری رساندن برای رهایی مردم در اختیارتان قرار داده می‌شود.

دعای بخشش[۱۷]

ای پدر آسمانی، به‌وضوح نشان دادی که مایل هستی دیگران را ببخشم، تو مایل هستی از شفا و رهایی بهره‌مند شوم که بخشایش به بار می‌آورد.

امروز تصمیم می‌گیرم هرکسی که باعث شده مرتکب گناه شوم [نام او را ذکر کنید] *و هرکس به من آسیب زده است را* [نام او ذکر کنید] *ببخشم. تصمیم می‌گیرم او را بابت* [خطاهایی که مرتکب شده را ذکر کنید] *ببخشم.*

قضاوت تمام این افراد را به تو واگذار می‌کنم، و تمام مجازات‌هایی که برایشان در دل خود حمل کرده‌ام را رها می‌کنم. [نام شخص را ذکر کنید] *را به تو واگذار می‌کنم، چراکه تو تنها داور عادل هستی.*

خداوندا، لطفاً من را بابت اینکه اجازه دادم عکس‌العمل‌هایم به دیگران و خودم آسیب بزند ببخش.

بر اساس بخششی که از تو دریافت کرده‌ام، تصمیم می‌گیرم خودم را ببخشم که اجازه دادم این آسیب‌ها روی رفتار و اخلاقم تأثیر بگذارد.

---

۱۷ دعای این بخش و دو دعای بخش‌های بعدی بر اساس *Restoring the Foundations* نوشتهٔ چستر و بتسی کیلسترا نوشته شده‌اند.

روح القدس، بابت اینکه بخشایش را در زندگی‌ام جاری می‌سازی شکرت می‌کنم، سپاسگزارم که مرا فیض می‌بخشی تا دیگران را ببخشم و بابت اینکه مرا قادر می‌سازی دیگران را ببخشم شکرگزارت هستم.

در نام مسیح طلبیدم،

آمین

دعا برای انکار و دست کشیدن از دروغ‌ها (باورهای ناپاک که از خدا نیستند)

پدر آسمانی، گناهانم (و گناهان اجدادم) را بابت اینکه به [دروغ‌هایی که به آن باور داشته‌اید را نام ببرید] باور داشته‌ام اعتراف می‌کنم.

کسانی که باعث شده‌اند این اعتقادات ناپاک در من پدید آید، به‌خصوص [نام اشخاص را ذکر کنید] را می‌بخشم.

از این گناه توبه می‌کنم و از تو ای خداوندم، می‌طلبم تا من را برای پذیرش این باورهای ناپاک ببخشی. بابت اینکه مطابق چنین دروغی زیست کرده‌ام و بابت هر قضاوتی که به‌واسطهٔ باور این دروغ نسبت به دیگران داشته‌ام از تو طلب بخشش می‌کنم. همین حالا بخشایش را از تو دریافت کرده و می‌پذیرم. [صبر کنید و از خداوند بخشش دریافت کنید]

خداوندا بر اساس بخششی که از تو دریافت کرده‌ام، تصمیم می‌گیرم خود را بابت باور کردن این دروغ ببخشم.

تمام توافقاتی که در این باور ناپاک داشته‌ام را باطل ساخته و قدرت آن را می‌شکنم. تمام توافقاتی که با پادشاهی تاریکی و ظلمت داشته‌ام را باطل می‌سازم. تمام توافقات و ارتباطاتی که با ارواح پلید داشته‌ام را می‌شکنم و باطل می‌سازم.

خداوندا، مایل هستی چه حقیقتی را دربارهٔ این باور ناپاک بر من عیان سازی؟ [صبر کنید و به خداوند گوش فرا دهید تا بتوانید حقیقتی که می‌تواند آن دروغ را اصلاح کند به زبان آورید]

این حقیقت را اعلام می‌کنم که ... [کلام حقیقتی که از خدا دریافت کردید را به زبان آورید]

در نام مسیح دعا کردم،

آمین

دعای برای گناهان نسلی

گناهان اجدادم، گناهان والدینم و گناهان خودم را [نم گناهان را ذکر کنید] *اعتراف می‌کنم.*

تصمیم می‌گیرم اجدادم را ببخشم و همچنین تمام کسانی که در حوزهٔ این گناهان و لعنت‌هایی که به بار آوردند روی من تأثیرگذار بوده‌اند و همچنین بابت عواقبی که در زندگی‌ام تجربه کردم [نام اشخاص را به زبان آورید] *می‌بخشم و رها می‌کنم،*

ای خداوندم از تو می‌طلبم که من را بابت این گناهان ببخشی؛ من را بابت اینکه تسلیم این گناهان و لعنت‌ها شدم ببخش. بخشش را از تو دریافت می‌کنم و می‌پذیرم.

ای خداوند، من بر اساس بخشایشی که از تو دریافت کرده‌ام، تصمیم می‌گیرم تا خودم را بابت وارد شدن به این گناهان ببخشم.

تمام این گناهان و لعنت‌ها را [اسامی گناهان و لعنت‌ها را ذکر کنید]، *انکار کرده و از آن‌ها دست می‌کشم.*

قدرت این گناهان و لعنت‌هایی که در زندگی‌ام به بار آورده‌اند را از طریق نجاتی که مسیح بر روی صلیب برایمان به ارمغان آورده است در زندگی خودم و نوادگانم می‌شکنم و باطل می‌سازم.

رهایی از این گناهان و لعنت‌هایی که به بار آورده‌اند را از تو دریافت می‌کنم. [نام برکاتی را که در ایمان از خداوند دریافت می‌کنید ذکر کنید] *را از تو دریافت می‌کنم.*

در نام عیسای مسیح دعا کردم

آمین